U0614275

微时代高校社会主义核心价值观培育研究

张玉敏　刘　涛　王　迪◎著

吉林大学出版社

·长春·

图书在版编目（CIP）数据

微时代高校社会主义核心价值观培育研究 / 张玉敏,
刘涛, 王迪著. -- 长春 : 吉林大学出版社, 2022.12
　ISBN 978-7-5768-1313-5

　Ⅰ.①微… Ⅱ.①张… ②刘… ③王… Ⅲ.①高等学
校—思想政治教育—研究—中国 Ⅳ.①G641

中国版本图书馆CIP数据核字(2022)第242686号

书　　名　微时代高校社会主义核心价值观培育研究
　　　　　WEISHIDAI GAOXIAO SHEHUI ZHUYI HEXIN JIAZHIGUAN PEIYU YANJIU

作　　者　张玉敏 刘 涛 王 迪 著
策划编辑　安 萌
责任编辑　周 鑫
责任校对　王 蕾
装帧设计　乐 乐
出版发行　吉林大学出版社
社　　址　长春市人民大街4059号
邮政编码　130021
发行电话　0431-89580028/29/21
网　　址　http://www.jlup.com.cn
电子邮箱　jdcbs@jlu.edu.cn
印　　刷　天津和萱印刷有限公司
开　　本　787mm × 1092mm　1/16
印　　张　11.75
字　　数　210千字
版　　次　2023年6月　第1版
印　　次　2023年6月　第1次
书　　号　ISBN 978-7-5768-1313-5
定　　价　50.00元

版权所有　侵权必究

前　言
PREFACE

微时代微工具的盛行带领人们步入了微时代，极大地改变了大学生的学习和生活。社会主义核心价值观承载着中国人民共同的精神追求，是国家文化软实力的灵魂。高校教育的根本任务是"立德树人"，将大学生的价值观培育放在首位，积极培育大学生的思想道德素质，引导大学生讲道德、明大德、守私德。因此，重视微时代大学生社会主义核心价值观教育，用社会主义核心价值观引领大学生的价值观体系建设成为新时代我们亟待解决的重要问题。

本书以"微时代高校社会主义核心价值观培育研究"为选题，探讨相关内容。全书共分为六章：第一章是绪论，阐述了研究背景、研究价值、研究方法、研究重难点与创新点；第二章分析社会主义核心价值观及其培育，内容包括社会主义核心价值观的层面解读、大学生社会主义核心价值观、社会主义核心价值观培育；第三章解读社会主义核心价值观网络传播观念与认知、社会主义核心价值观网络传播机制、微时代社会主义核心价值观传播路径；第四章研究微时代高校社会主义核心价值观培育的理论应用，内容涵盖微时代加强高校社会主义核心价值观培育的意义、微时代高校社会主义核心价值观培育的创新观念、微时代高校社会主义核心价值观教育课程；第五章解读微时代高校社会主义核心价值观培育的融合机制，内容涉及微传播与主渠道融合，微叙事、宏叙事与图像叙事，建设知行合一的激励机制；第六章探索微时代高校社会主义核心价值观培育的微传播与微观建构策略。

本书通过理论与实践相结合的方式，借助通俗易懂的语言、系统明了的结构、全面丰富的知识点，对微时代高校社会主义核心价值观培育进行研究，充分体现出本书的科学性、系统性、时代性等显著特点。目的是引导学生提高自身素质，培养社会主义核心价值观，实现高校社会主义核心价值观的生活化培育。

本书由张玉敏、刘涛、王迪所著，具体分工如下：张玉敏（河北金融学院）负责第一章、第二章、第三章内容撰写，计7万字；刘涛（河北金融学院）负责第五章、第六章内容撰写，计7万字；王迪（河北金融学院）负责第四章内容撰写，计7万字。

本书的撰写得到了课题组成员王黛鑫和李浩的支持，她们做了大量的资料搜集、案例分析、初稿写作等工作，对本书出版做出了重要贡献。

笔者在撰写本书的过程中，得到了许多专家、学者的帮助和指导，在此表示诚挚的谢意。由于笔者水平有限，加之时间仓促，书中所涉及的内容难免有疏漏之处，希望各位读者多提宝贵的意见，以便笔者进一步修改，使之更加完善。

作　者

2022年7月

目 录

CONTENT

第一章 绪 论

　　微时代的数字技术、互联网技术、移动通信技术日渐成为高校教育工作者对大学生进行社会主义核心价值观培育的新载体。本章对研究背景、研究价值、研究方法、研究重难点与创新点进行论述。

第一节 研究背景

　　"社会主义核心价值观是我国社会主义制度在精神和价值层面的本质规定，集中体现了社会主义意识形态的根本要求。"[①]社会主义核心价值观是我们国家、民族和人民在历史长河中经过不断地实践、发展、沉淀、总结而形成的共同的价值观念和道德行为准则，是我国国民共同的价值取向、价值目标和价值准则。社会主义核心价值观作为中国特色社会主义的主流意识形态，其培育和践行工作在我国占据十分重要的地位。

　　微时代是继互联网时代后在网络世界开创的新时代，截至2021年12月，我国网民规模达10.32亿，互联网普及率达73.0%。因此，微时代为高校社会主义核心价值观培育研究提供了广阔舞台。当前高校思想政治教育发展逐步进入信息化时代，作为思想政治教育重要内容的社会主义核心价值观教育自然大有可为。

　　主流意识形态强有力的宣传态势，为微时代高校社会主义核心价值观培育提供了良好的社会舆论环境。高校的意识形态教育事关中国特色社会主义事业后继有人，新时代社会主义核心价值观教育是高校意识形态领域的重要工作。在微时代，大学生了解信息、接受教育的方式已经发生了重大变化，所以要进行社会主

---

①马军红，苗立峰.社会主义核心价值观内化障碍及对策阐析[J].邢台学院学报，2017，32（03）：35-37.

义核心价值观的教育，必须关注微时代的特点和各种工具、载体的应用。所以高校社会主义核心价值观培育必须顺应微时代趋势，发挥微传播的独有优势，最终实现高校社会主义核心价值观的生活化培育。

第二节 研究价值

学术价值。学者们基于不同角度、采用不同的方法对高校社会主义核心价值观培育和微传播进行了研究，但将二者有机结合的相关研究成果相对较少或相对分散，可以说该研究领域目前来说相对薄弱。本书尝试将微传播延续至"实现融入大学生生活和实践"的微观建构，将微传播体系纳入社会主义核心价值观"认知、认同到践行"的全过程。通过微传播与主渠道、微叙事与宏叙事、点滴浸润与正向灌输、线上与线下相结合，阐述分析微传播与社会主义核心价值观的作用机制，探索通过微传播实现高校社会主义核心价值观微观建构对策。

推广价值。在实践层面，对高校社会主义核心价值观培育现状有基本了解。在此基础上，本书试图提出从凝聚"微力量"、构筑"微内容"、形成"微合力"、营造"微生活"四个方面着力，在实现社会主义核心价值观有效精准传播的基础上，完成价值观的生活化培育及日常化实践，推动高校社会主义核心价值观培育的进一步发展。

第三节 研究方法

问卷调查法。问卷调查法是指通过前期对省属高校、市属高校以及民办高校大学生思想政治状况的前期问卷调查，获取具有代表性和说服力的样本资料，以把握微时代高校社会主义核心价值观培育的现状和问题，在获取第一手实证资料的基础上加深对本选题的理解。

文献研究法。文献研究法是指通过查阅有关"微时代""社会主义核心价值观培育""社会主义核心价值观微传播"相关资料文献，掌握社会主义核心价值观培育现状和在微时代面临的机遇，进一步明确课题研究方向与思路。

跨学科研究法。跨学科研究法是指不同学科的理论相互借鉴可拓宽研究思路、丰富研究成果。因此，本书将思想政治教育学与传播学相结合进行研究，以期进一步深化研究。

案例研究法。案例研究法是指在分析微传播对高校社会主义核心价值观培育的"双刃剑"效应时，会引用部分高校在社会主义核心价值观微传播中的典型案例，比如福建师范大学官方微信、北京大学团委官微等，以此来充分验证微传播是高校社会主义核心价值观落实落小落细的重要载体。

第四节 研究重难点与创新点

一、研究重难点

高校社会主义核心价值观培育是面向师生的复杂思维和实践活动，最终成效要体现在大学生对社会主义核心价值观的认知和践行上。其重点和难点包括以下内容。

探索微时代与高校社会主义核心价值观培育的作用机制，探寻如何将社会主义核心价值观渗入大学生现实生活场域和实践的微传播体系，实现线上线下形成同心圆是课题研究的一个难点和重点。

微时代背景下实现高校社会主义核心价值培育的微传播与微观建构的对策分析，特别是通过内容、渠道、队伍和生活化上的建设，使社会主义核心价值观内化为大学生日用而不觉的价值准则，实现其价值引领作用是本课题的一个重点研究问题。

二、研究创新点

从理论层面：现有传播学范畴中关于社会主义核心价值观的研究，多集中在传播形态和传播技术的探讨，停留在社会主义核心价值观的"认知和认同"层面。课题组尝试将高校社会主义核心价值观的微传播与微观建构相结合，将微传播体系纳入社会主义核心价值观"认知、认同到践行"的全过程，不仅关注传播态势，更关注传播实效，为后续研究打开了一个新的研究视角。强调在微传播体系中将社会主义核心价值观落实落细落小，在传播过程中突出强化社会主义核心价值观融入大学生日常生活的微观建构。

从实践层面：本课题提出要从凝聚"微力量"、构筑"微内容"、形成"微合力"、营造"微生活"等四个方面着手，实现宏观叙事与微观传播有机统一，构筑精准有效的高校社会主义核心价值观微传播和微观建构体系，对高校社会主义核心价值观社会化培育和生活化实践有一定的借鉴意义和参考价值。

第二章　社会主义核心价值观及其培育

加强社会主义核心价值观培育研究，确立科学的培育目标，创新思路与方法，建立长效机制，是社会主义核心价值观培育的重要课题。本章对社会主义核心价值观的特性与文化自信、社会主义核心价值观的层面解读、社会主义核心价值观培育的方法进行论述。

第一节　社会主义核心价值观的层面解读

一、社会主义核心价值观的思想层面

以儒家仁学思想为例，解读儒家仁学思想和社会主义核心价值观的融合。

（一）融合的必要性

儒家仁学思想和社会主义核心价值观的融合具有必要性，其必要性一方面体现在儒家仁学思想需要在社会主义核心价值观的引领下进行现代转化；另一方面体现在社会主义核心价值观需要在儒家仁学思想的涵养下提高文化自觉，达到在人民群众中内化、外化的要求，两者的融合从本质上讲是顺应各自内在发展规律的需要，是达到自身长久发展的必然要求。

1.儒家仁学思想现代转化的需要

儒家仁学思想在现代化的转型过程中需要打破束缚、抛弃陈规陋习，主动对自身内容进行批判性继承，可以说这是儒学思想在新时代立场的转变，也是对自身积极扬弃的结果。儒家仁学也要主动与时代接轨，创新表达形式，还要敢于承认自己的不足，积极与社会主义核心价值观相融合，来充分引领自身的发展导

向，实现儒家仁学在现代社会的新生，完成其新时代转化发展的历史使命。

儒家仁学的现代转化是其自身不断追求超越、追求发展的应有之义。我们需要以社会主义核心价值观为引导剔除其中不合时宜的消极因素，并将仁学思想中的合理、优秀的部分结合现代要素进行再创造，使其更加贴合现代社会的发展要求，更符合当代人们的价值追求，以此充分发挥儒家仁学思想涵养文化和滋润人心的作用。

2.社会主义核心价值观内化、外化的需要

社会主义核心价值观是我国新时代背景下全体人民的精神指针，具有凝魂聚气和价值引领作用。儒家仁学思想具备丰厚的文化底蕴和优良的人文基础，推崇以修身来齐家、治国。而社会主义核心价值观对于人们的文化自觉和人文修养都有一定的要求，关键在于个人意识和个人主观能动性。修身既是培育个人文化自觉的逻辑基础，也是儒家仁学齐家治国的基本要求，社会主义核心价值观和儒家仁学能以修身为结点相互印证、补充。

从具体现实来看，儒家仁学注重"仁质礼表"，提倡"内圣外王"，鼓励人们将其作为价值追求和人生准则，在社会当中形成了克己复礼的风尚，极大地推动了我国道德文化的发展进步。

总之，社会主义核心价值观的内化、外化是其自身适应时代发展的必然要求，在此过程中需要和儒家仁学思想相融合，以仁学思想提高个人道德修养和文化自觉，可以加深人民群众对社会主义核心价值观文化理念的深入了解，真正发挥其凝魂聚气的应有作用。

（二）儒家仁学思想与社会主义核心价值观的融合实质

探研儒家仁学思想与社会主义核心价值观的融合，其实质就是达到两者互相促进、共同发展的状态。通过融合，儒家仁学思想可以得到传承发展，社会主义核心价值观也可以借助儒家仁学在人们思想观念、行为模式中的影响更好地培育、践行。

1.促进儒家仁学思想的传承和发展

儒家仁学思想作为其核心部分涵盖了人与人、人与社会、人与国家以及个人

修养等方面的理论内容，这些内容源自我国古代学者对"人"的非凡理解和卓越见识，还有历代哲人对于"仁"的深刻阐释和实践认同，体现了我国儒家文化中追求"尚仁"的文化内核。儒家仁学中蕴含的这些宝贵资源对于当代社会的文明发展仍具有重要作用，但由于仁学思想局限于空间性和时间性，缺乏社会主义核心价值观中明确的指引性、适用性，在现代社会中缺少茁壮成长的土壤。在文化交融日益密切的大背景下，儒家仁学只有和社会主义核心价值观相融合才能在现代社会继续发展，发挥其教化作用。

儒家仁学思想是各代先哲的集体智慧结晶，它在历史过程中得到了不断的发展和创新，先由先秦儒家的仁孝思想发展为宋明理学的仁生思想，再到近代的仁创思想。随着社会经济不断发展，人们的价值理念也日新月异，仁学思想受限于其表达形式和内容，不能和现代社会进行有效对接，逐渐丧失了其功能属性，社会主义核心价值观作为人民群众理想追求的最大公约数，可以有效地对社会主流观念进行价值引领。将儒家仁学思想与社会主义核心价值观有机融合，既可以使仁学思想得到社会主义核心价值观的有效引领，进行现代化的转化发展，还可以促进社会主义核心价值观进一步得到大众认同。探究两者的融合是为了让仁学思想在现代社会得到传承发展，充分发挥其教化和涵养作用，以此解决我国公民文化素质不足和道德信仰缺失的问题。

2.推动社会主义核心价值观的培育践行

儒家仁学思想和社会主义核心价值观的融合实质另一方面是为了更好地培育践行社会主义核心价值观。如诚信理念，传统文化重"信"守诺，儒家仁学指出诚信是立人之本，如果一个人缺乏诚信意识，那他将寸步难行，这样的理念在如今依旧深受大家认同，将仁学思想与社会主义核心价值观融合可以帮助大家更好地理解社会主义核心价值观的内容，有助于加深文化认同感。认识的目的在于实践，推动儒家仁学思想与社会主义核心价值观的融合最终的目的在于让广大群众在日常生活中践行。思想是行动的纲领，没有正确的思想导向和价值引领，实践无从谈起。因此，正确认识社会主义核心价值观与优秀传统文化之间的逻辑关联，有利于两者达到互联互通、相得益彰的互补状态，从而加快社会主义核心价值观在人民群众中由理论向实践转变的脚步。探究两者的融合是为了推动社会主义核心价值观的培育践行，提升我国公民抵御外来意识形态渗透的能力。

（三）儒家仁学思想与社会主义核心价值观的融合路径

1.儒家仁学思想与社会主义核心价值观融合在实践中生成

（1）需要发挥好学校教育的主阵地作用

《荀子·劝学》中提出，"蓬生麻中，不扶自直，白沙在涅，与之俱黑"。学校是推动文化传播发展的起点，对于学生深入学习优秀传统文化和社会主义核心价值观有着重要意义，担任着对学生教育培根铸魂的主阵地作用，我们要在实践中将儒家仁学与社会主义核心价值观充分融合，就必须重视学校教育。

第一，改进课堂模式。课堂作为学校育人的第一线，要充分发挥其文化主阵地的作用。首先要调整传统文化必修、选修课程比例，增大必修课占比，并将课程设计与中华优秀传统文化的传承建构相结合，把优秀文化理念与时代发展事件相结合，让同学们学有所知；其次要优化课程内容，对选入课堂的文本内容要严格把关，着重挑选同学们喜闻乐见的文化范例，在课上还要充分融入所教学生的专业知识，并配以通俗易懂的现代案例和特色文化知识，使同学们乐学、爱学，让传统知识文化走进学生内心，真正与同学们在民族情感上对接。再次，要发挥课外学习优势，学生们正值青春年华，拥有满满的热情与活力，学校要积极组织课外学习，让同学们在课外实践中茁壮成长，学有所获。

第二，营造学习氛围。在学校内部需要发挥优秀传统文化的涵养作用，将其融入校园文化建设、多样文体活动和网络平台的学习内容之中。首先，从外部环境入手打造文化学习的良好氛围。学校应充分挖掘自身校风校训的理论内涵，并结合优秀传统文化元素，以富有文化特色的名称来赋予校园环境更多的人文气息，还应利用好校内的宣传栏、教学楼大厅、走廊和校史馆、图书馆、餐厅的留白处来增添优秀文化知识，让优秀文化无处不在。

在多样的文体活动中融入优秀文化理念，在实践教育中建立与同学们的情感联系。学校可以组织建立相应的文化社团，挑选专业教师带队指导社团活动，并定期予以资金补助支持社团的活动发展，还需开展丰富的文化活动，如诗词朗诵、艺术展览、校园文艺短剧、书香漂流等，让同学们可以在文化活动中寓学于乐。

此外，学校还需要借助传统节日和国家纪念日来进一步增进大家对传统文化和红色文化的认知了解；学校应重视知识文化的平台拓展，在课堂教学和实践教学之外，还应拓展多样化的学习途径，如开展文化学习校内论坛，邀约学者来校讲座，完善校园电子图书资源，着力开发一套文化教育线上、线下课程，打造学校专属的文化名片等。

第三，提高教师素养，教师个人素养和能力的高低对学生成长往往具有重要影响。学校要重视教师的个人能力，教师作为学校教学育人的主力，不但需要才学出众，能用自己渊博的知识来征服学生，还要在工作学习中不断进取为学生做好榜样；学校要根据自身情况，加大对教师的投入和培训，给任课教师定期安排讲座学习和对外交流的机会，举办讲课比赛评选优秀教师，给优秀教师颁发荣誉，并提升相应的待遇和保障；学校要重视传统文化的教育学习，注重课堂内容质量，选拔具有专业知识背景或者是经过学校培训认定的教师授课，积极引导学生们的思想行为与社会主义核心价值观相适应；教师们要重视对传统文化知识和社会主义核心价值观的资料收集和研读，主动提升自己的知识储备和学习能力，并根据学生特点和学校要求，适时改进讲课方法，注重结合时政热点，充分运用互联网技术创新挖掘课堂内容，让同学们在潜移默化中接受和认可我国的优秀文化和社会价值理念。

（2）需要推动新媒体转换荷载方式

新媒体技术的飞速发展是新时代的显著特征，它极大地拓宽了人们的知识文化接收渠道，丰富了人们的精神世界，但唯物辩证法告诉我们，凡事皆有利弊，新媒体在给我们传播文化知识带来便利和快捷的同时，也带来了一定的风险和挑战。我们要在实践中将儒家仁学思想与社会主义核心价值观充分融合，就必须扬长避短，结合时代特点对新媒体的荷载方式进行转换。

第一，创办网络学习平台。传播优秀传统文化和培育社会主义核心价值观的线下方式容易受到环境影响，这要求我们结合时代特点，充分利用信息化社会的优势来打造网络学习平台，让大家足不出户就可以享受到信息便利。首先，要创作优秀文化产品。我们要鼓励富含中国元素的文化创作，包括古风古典歌曲、舞蹈、优秀文章、诗篇和美工作品，还有文化美食、经典作品改编的动画、影视和富有文化特色的系列节目等。我们可以依托优秀文化资源，开设相关课程，打通文化交流的传播通道，还可以用网络平台为载体联合高校和相关部门，开展多种线上、线下传统文化活动，鼓励大家进行文化交流，创新发展饱含中国气息的网络文化。

第二，充分发挥网络传媒优势。现代社会是信息化社会，网络媒体的崛起是信息化的显著标识，我们要正确把握新媒体的传播优势，借助于当前教育理念的更新迭代，优秀传统文化的传播已经与网络传媒密不可分了，我们必须发挥好新媒体的优势功能，进一步深化优秀传统文化的感召力。

随着信息技术发展的不断深入，国内出现的3D技术和VR技术给人们带来了更多感官上的奇妙体验，我们可以将优秀传统文化充分融入艺术创作和电影动画设计当中，让大家可以借助先进技术"身临其境"地感知我国的文化魅力，这相比于线上的文字、图片交流可以大大地提升人们学习和认知传统文化知识的参与感、获得感。

第三，加强网络舆论的引导。网络环境的好坏关系着每个人的切身利益，处于信息化时代，我们每个人无时无刻不在和网络打交道，网络舆论的正确引导对于我们学习、传播优秀传统文化和营造和谐良好的网络氛围有着重要意义。

（3）需要开辟多元化传播渠道

第一，树立道德榜样模范。榜样的力量是强大的，他们自平凡人的坚守之中蜕变而出，他们身上的闪光点久经岁月磨砺而越发闪耀，道德榜样是国家和民族的骄傲，是引领社会风尚的模范。他们的典型事例富有代表性，是复杂社会中的一股清流，是人民群众看齐的价值标杆。

首先，我们可以挑选合适的传统文化节日，通过开展知识教育讲座来宣扬先进人物事件，激发人们对于先进事迹的兴趣，拉近先进人物与人民群众的心理距离；其次，相关部门还需要组织集体公益活动，利用好社区服务和轮换执勤制度在实践中开展向先进人物学习的志愿活动，以此增进大家对社会公益的参与感和认同感，让人们在亲身实践中感受模范人物的魅力风采；再次，还要注重网络媒体的宣传作用，我们需要在网络平台上积极推广优秀模范事迹，号召广大网友讨论学习，形成积极向上的网络正能量。

第二，利用好传统节日效能。随着历史文化的不断浸润，传统节日被赋予了更多的文化内涵，逐渐囊括了我们的民族精神和思想观念等，并且以人们喜闻乐见的庆祝方式活跃在社会生活当中，它是传统文化传播发展的重要载体。因此，我们需要充分利用传统节日背后所蕴含的文化理念来支撑民族文化情感、深化民众的文化认同。

传统节日中蕴含的丰富理念对于培育和涵养社会主义核心价值观十分重要，深入解析传统节日的文化内涵对于我们薪火传承优秀传统文化知识、赓续红色革命精神和建设党的伟大事业意义非凡。

2.儒家仁学思想与社会主义核心价值观的融合实践

儒家仁学思想与社会主义核心价值观融合的内化是指两者在融合的实践过程中能够被人们所认可，更加深入人心，成为全体人员的原则理念。外化是指要加强人们的参与感和认同感，使社会主义核心价值观能够得到人民群众的主动追求和自觉践履。

文艺创作、文化实践能够很好地促进儒家仁学思想与社会主义核心价值观融合的内化与外化。文艺作品具有时效性、鲜活性，可以直击人们的火热生活，真实再现人民群众的生活场面，是大家喜闻乐见的表现形式，并且文艺作品始终秉承弘扬真善美，抵制假恶丑的宗旨，其创作的初心也一直坚持激发社会正能量，抵制不良风气。

高校的教育实践很好地帮助了儒家仁学思想与社会主义核心价值观融合的内化与外化。在两者的融合实践中，学校始终以社会主义核心价值观为思想引领，逐步发展形成了种类多样、内容丰富、各具特色的文化活动，在寓教于乐、寓学于乐中成功实现两者融合在实践过程中的内化与外化。

二、社会主义核心价值观的价值层面

（一）国家价值层面

1.实现富强目标

富强属于经济目标，是在社会主义市场经济条件下人们追求的经济目标及价值理念，它在社会主义核心价值观中占据首要地位，是社会主义核心价值观的基本内涵。

我国是社会主义国家，人民当家作主，一方面，国家是人民赖以生存的环境，没有国家强大，没有国家民主的政治环境，稳定的社会秩序，人们就没有办法进行生产活动，更不会达到富裕的生活水平。国家正确的经济政策提高了人们的收入和生活水平，为社会财富的积累注入更多的活力，大大地刺激了人民生产积极性和创造性，这就为我国的发展提供了稳定的物质基础，同时也能够为国家发展提供强大的精神动力。国家富强不能狭义地认定为经济实力的强大，经济是与一个国家政治的稳定、文化的继承创新、社会的发展、生态的可持续密不可分、息息相关的。所以说，富强是综合国力的集中体现。

2.人民做国家的主人

民主是社会主义社会的内在属性和核心，推动政治民主化的进程将直接推动政治文明的发展。政治民主化是政治文明的重要组成部分，而科学决策、民主决策又是政治民主化的重要体现。特别是对于作为国家领导力量的社会主义政党来讲，政治民主化更有利于增强党的威信，巩固党的执政地位。

3.文明价值的追求

文明是社会主义核心价值观的应有之义、基本内涵，是社会优良文化的有机组成部分。文明的价值观引领社会潮流，引导优秀文化的创作发展，应加强全社会的文明观念，使文明成为引导社会进步的一面旗帜。文明不仅包括精神文明，还包括物质文明。和谐社会就要物质文明与精神文明相统一。一方面，经济基础决定上层建筑，只有经济的不断强大才能为社会发展提供稳定、宽松的社会环境，加之丰富的物质基础，上层建筑才会不断地成熟完善，人民才会追求更高更深层次的精神世界；另一方面，上层建筑反作用于经济基础，精神世界的不断满足和丰富才会为物质文明的发展提供更多的活力和动力，先进的文化能为社会发展引导正确的方向，创造更丰富的物质基础。所以说文明是物质文明和精神文明的协调统一。

文明体现的是人们的精神世界和内在修养。作为一个文明的人，应该言谈举止得当，态度谦逊，常怀慈悲之心。当文明内化于心，外化于行时，眼前这个人将彬彬有礼，散发出和蔼可亲、温文尔雅、平易近人的气质，这正是践行社会主义文明观所对公民、对个人带来的影响。当然，对于一个文化底蕴深厚，历史文明悠久的国家来讲，更应该将文明与社会主义现代化建设相结合。文明是我国长久的历史文化传统，闪烁着人性的光辉，照耀着前进的道路，为我们提供了长久的精神动力，而强大的精神力量又能够使我国的社会物质财富更好地累积。因此，社会主义精神文明建设在精神上推动了社会主义的现代化建设，为其提供了思想保障及智慧支持。

4.构建和谐社会

"和谐"从中国古代开始便成为社会的主流思想。每个人自由而全面地发展必须要处理好人与自然，人与人之间的关系。具体分析，社会主义和谐观，一方面要处理好人与自然的关系，尊重自然、顺应自然、保护自然，与自然和谐相处。社会主义和谐观要求人与人之间的和谐相处，人是社会关系的总和，人是构成社会的基本细胞，正确处理好人与人之间的关系，达到人际关系的和谐，社会才会和谐稳定发展。这就需要我们不断完善经济制度，提高人的精神境界，使之与社会主义现代化相适应，最后达到每个人自由而全面地发展。

（二）社会价值层面

第一，追求自由价值理念。自由作为古代社会所推崇的价值理念，同样也是社会主义核心价值观的基本内容。然而，这一自由是基于社会主义制度下的真正的自由。自由是中国共产党成立以来带领人民群众所追求的目标之一。今天，社会主义现代化的不断发展，带领我们进入了更高水平的自由社会，最终达到我们每一位公民自由而全面的发展，实现共产主义的最终目标。

第二，遵循平等原则。平等原意是指程度、价值、质量、性质、能力或状况上与他人或他物相同或相等。在社会主义现代化的今天，平等就是每一位公民平等地享受权利，平等地履行义务，没有任何公民可以逾越法律的特权。社会主义公有制保证每位公民平等地享有就业机会，不受剥削不受压迫，不受私有制经济的压榨。人民代表大会制度保证了我们可以平等地参与政治生活，人民自己当家做主，平等地行使监督权，不因地域、别的差异而受到差别对待。

第三，只有赋予每一位公民平等地享受权利，履行义务，才能使公民有效地参与国家的治理，实现人民的利益。平等是社会主义市场经济发展的重要保证，只有实现经济发展的平衡，经济政策的平等，才能进一步克服市场的无序性和自发性，才能维护市场秩序，完善市场机制，进而更稳妥地发展社会主义市场经济。平等是促进社会公平，实现社会和谐发展的必由之路，只有享有平等的权利，履行平等的义务，才能建立稳定的社会秩序，人与人之间的相处才会少些摩擦，进一步促进人际关系和谐发展。由此可以看出，平等推动了人的全面自由发展，社会主义的根本目标和任务是人的发展，人的全面自由发展的基础是平等，平等也推动了人的发展。

第四，公平天下，以正治国。公正即公平正直，没有偏私。建立社会主义市场经济制度，提高了社会生产力，丰富了物质积累是实现社会公平正义的物质基础。公平正义还要求我们建立平等的法治社会，依法治国，消除不平等，消除阶级压迫，人民当家作主，是社会主义公平正义的制度基础。物质基础与制度基础的有效结合才是发展社会公平正义的可行之道。

第五，依法治国。法治是治理国家的基本方式，依靠法治而不依靠人治是现代社会的进步之一，法治是实现社会和谐、实现社会公平正义、发展平等的制度保障。法治是国家长治久安，政权稳定的重要保证。法治的发展程度是一个国家文明程度和现代化程度的重要标志。"依法治国"就充分体现了我国是依法办事，用事实说话的法治国家，任何人都没有逾越法律的特权。"有法可依，有法必依，执法必严，违法必究"是我国依法治国的重要体现，每一个环节都充分表明了我国严格遵守法律、依法治国的现代治国理念。社会主义法治之所以是"良法"之治，是因为社会主义法律制度随着时代的进步发展而不断地修改完善，与现实社会、时代精神总是相符合的，所以它总是能得到公民的拥护和认同，只有公民发自内心地去遵守法律、捍卫法律，法治的真正目的才可以实现，即保护人民的合法权益，人民的利益得到保护，才会更加拥护和支持法律的制定、实施，才能真正维护法律的尊严。

（三）个人价值层面

爱国是传统美德，在社会急速发展的今天，我们要将爱国赋予与新时代相符的新内涵。强烈合理的爱国主义精神是国家发展的强大推动力，是社会进步的强心剂。有国才有家，我们只有对祖国认同，对国家热爱，才会增强自身的幸福度，国家才会更加充满活力。弘扬爱国主义精神可以把分散的社会力量、价值观和思想统一在一起，让个人能够自觉地为国家利益而改变自身行为，让个人行为符合共同的价值目标。不仅如此，弘扬爱国主义精神还能有利于国家社会的和谐和健康发展。

1.工作敬业

劳动是创造社会价值、个人价值的重要途径，自古以来都是这个道理。在社会转型的今天，社会主义现代化建设的关键时期，我们赋予了劳动新的内涵——

敬业。敬业的字面意思就是热爱工作，敬爱岗位。当然只有内心虔诚的热爱是不够的，我们必须要转化到行动上来，全身心投入工作，踏踏实实、勤勤恳恳、乐于创新、敢于质疑，这也是实现自我价值的内在要求。敬业使人们不仅得到了一份工作，让人们有了施展才能的空间和环境，更能让人们通过勤恳、执着的工作态度和正确的工作方法，创造出更多的价值，提升自我。

敬业是所有拥有社会职业的人们应具有的良好品质。从自己所处的小部门来看，只有出色地完成自己的本职工作，部门才能发挥在整个系统中的作用。从整个公司的角度来看，每一个职员都认真完成自己分内的事，那整个公司的系统运行起来会变得更加顺畅，工作效率更高，产生的价值也更多。敬业背后的精神实质其实是奉献和付出，甘于奉献、乐于奉献，看似只是完成自己的本职工作，其实无时无刻不体现对生活、对工作、对他人无私奉献的精神品质。这种精神品质不仅会影响在工作领域取得的成就，更会对整个社会、对他人都充满积极乐观、感恩向上的精神。所以，践行社会主义敬业观，让自己的生活充满阳光和希望。

2.诚信待人

在我国的传统文化中，诚信是待人处世的基本准则，贯穿于我们生活的始终。诚信是我们的传统美德，影响社会经济、政治、文化发展的各个方面，是国家政治文明程度和文化成熟度的关键，是政党永葆生机的要素，是国家话语权提升的重要因素。

诚信是提升个人修养的基本途径、衡量人的重要尺度。人无信不立，诚信是立人之本。有诚信的人才会踏踏实实去工作，去生活，不会投机取巧，不会言而无信。对于企业而言，诚信是企业赖以生存发展的根基，诚信为商，企业讲诚信才会得到员工，得到消费者，得到社会的认可，企业才会有发展的可能。对于国家而言，诚信是国与国交往的准则之一，做到言出必行才能得到世界的认可、其他国家的拥护，在世界上才会立稳根基。

3.善待他人

友善，是处理人际关系的基本准则，公民的基本道德规范。把友善作为社会主义核心价值观的一部分，是为了让大家能够友善地处理人与人、人与社会、人与自然的关系，构建和谐社会，在全社会形成一种齐心向上、勤奋努力、实现共同富裕的良好社会风气，实现全社会的和谐发展。在社会急剧转型的今天，友善更是社会所需要的，它既是对中华传统儒家思想的继承，也顺应市场经济的发展。友善包含了尊重他人、理解他人、善待他人、团结友善、正确处理人际关系等内容。友善是一个人道德修养的集中体现，是衡量品行的重要标准。

第二节　大学生社会主义核心价值观

价值观的主体性特点决定了人们面对同一事物和问题进行分析时会产生不同的价值取向，即主体价值观选择和判断呈现多样性。就整个社会而言，价值观具有核心与非核心之分。社会主义核心价值观是居于主流地位的价值观，是与整个社会占主体地位的经济基础相适应并有助于维护促进其发展的价值选择和判断。社会主义核心价值观能够凝练、概括并具体表述核心价值体系，二者密不可分。

一、大学生核心价值观的特征

（一）核心价值观能够正确地理解和把握时代

任何价值观都不是凭空产生的，我们讲价值观作为一种社会意识，其实质是对社会存在的主观反映。既然是主观反映，那么价值观就有真实与否、正确与否、正义与非正义之分。在一个社会当中居于主流地位的核心价值观必然是对社会存在的真实反映和正确理解，更能够对整个社会发展起到引领和规范作用。

正确地理解和把握时代现实，就是要理解并揭示特定时代产生和存在的实际状况，将整个时代具有的基本特征鲜明地显现出来，对整个时代的社会结构进行客观全面的分析，表达整个时代所有人民的心声，并且立足于当下时代去分析时代未来的发展趋势。总的来说，就是实事求是地对当下的时代进行理解和预测。

（二）核心价值观还要体现人文关怀，彰显人文精神

价值观是文化的本质体现，而文化是由人创造的。核心价值观虽然是统治阶级意志和利益的反映，但同时在一定程度上还需要赢得绝大多数社会成员的认同和拥护。人作为具体的个体存在，本身就有一定的存在目的，大多数情况下人会把自身的利益当作自己存在的目的，但是在发展过程中，整个人类都在进行特殊

性发展的时候、了解自我特殊性的时候，也关注到了其他人，对集体有了一定的了解，人会发现集体中很多人的价值观是相同的，在这样的情况下，人的特殊性就慢慢地有了普遍性特点。人在发展过程中也会吸收历史发展过程中对人类自身发展有意义、有好处的价值观，在发展过程中，人的价值观始终有人文关怀。

二、大学生核心价值观是社会主义核心价值体系的体现

（一）"坚定理想，传承文化"是大学生核心价值观的灵魂

社会制度之间产生激烈竞争的本质是价值观念方面的竞争与较量，一个社会、一个民族的价值观是由这个社会中所生活的个体共同决定的，它代表的是整个社会人们的价值追求、价值观念，在社会个体中，青年学生的思想有更强的可塑性，所以一个国家想要维护自己的社会意识形态，加强意识领域的力量，必须争取青年学生的支持。人的所有精神力量中最强大的是理想，青年理想信念的形成受到文化的深刻影响，所以，大学生核心价值观中必定涉及"坚定理想、传承文化"这一内容，"坚定理想、传承文化"和中国特色社会主义理论也是相符的。"坚定理想、传承文化"要求大学生把中国特色社会主义的建设当成自身的理想，同时还要学习我国优秀的文化，在此基础上使大学生树立科学正确的世界观、人生观、价值观。

（二）"胸怀祖国，奉献社会"是大学生核心价值观的主题

我国的精神是以爱国主义作为基本内核的，爱国主义不是简单地在纸上写一写，也不是空洞的口号，它代表的是人们对祖国的深切热爱，人们也会在实际行动中自觉践行爱国主义。

从古代到现代，社会和爱国一直都是协调统一的，中华人民共和国成立之后，爱国精神要求人们爱护社会主义现代化事业、积极建设社会主义现代化事业，始终致力于维护国家的统一。对于当代大学生来讲，爱国是历史遗留下来的任务，也是国家发展提出的基本要求，爱国有很多形式，大学生核心价值观之所以选择"胸怀祖国、奉献社会"这种形式，是为了让大学生始终牢记自己的使命，让大学生在社会实践活动中积极践行爱国精神，也是为了让大学生的个人发展和社会与国家联系在一起。

三、社会主义核心价值观及其对大学生核心价值观的引领作用

（一）社会主义核心价值观的发展尺度

在中国特色社会主义探索中，我们确立了"三个倡导"，它构成了社会主义核心价值观的基本框架和主要内容，由此，确立了社会改革和发展的基本价值遵循。培育和完成这样的核心价值观要充分运用积极的方式推动主体逐步认同，也要克服各种阻抗因素，在实践中建构社会主义核心价值观，这需要经过一个很长的时期。在社会主义核心价值观理论与实践的交互作用的过程中，我们需要确立培育和发展的核心理念、基本尺度，需要不断地检视、反思、评价、改革、重建社会主义核心价值观。

对某一对象的认知、评判的不同维度取决于对象的属性，由于对象客体具有多维属性，人们的认知、评判就会产生多个维度。从不同维度进行的评判都有一定的合理性，但这些评判维度在整个评价体系中的地位却不同，有根本方面和非根本方面，有主要方面和非主要方面。当前人们对社会主义核心价值观的评价就存在这种现象。从生产力发展、社会进步的维度审视，可以得出积极的评价结果；用西方价值标准评判当代中国价值观，可以得出消极的评价结果；从道德维度进行的反思、评价，既有肯定性评价也有否定性评价。在根本的意义上来看，评价培育和发展社会主义核心价值观的效果如何，我们要在它所要解决的问题和社会发展目标中确定评价尺度，这个尺度应该是：生产力的发展、社会秩序的实现、法治化、人的发展。

1.发展生产力是根本尺度

生产力标准是社会进步的最高尺度和根本标准，判断一种社会意识形态的优劣，最终要看它是否促进生产力的发展，是否有利于生产力发展是评判社会主义核心价值观培育和发展的根本尺度。

评价社会的发展程度时，生产力是可以使用的最基本的评价标准。生产关系是由生产力决定的。在生产力和生产关系出现矛盾之后，矛盾运动中起主导作用并且其积极活跃作用的因素一直都是生产力，生产力也会对社会发展产生决定性的影响。也就是说，社会发展最终是由生产力决定的，评价社会发展程度时，生

产力是最基本的一个评价标准，判断社会要素是否具备存在价值的时候，也要看社会要素是否能够促进生产力的提升，社会主义核心价值观的发展以及培育本质上代表的也是社会生产力的发展。

生产力发展是人生存、生活、发展的基础，也是形成积极的思想意识、价值观的前提。人们的第一个历史活动就是生产物质生活本身，这是人类能够生活的前提，能够创造历史的前提。社会主义核心价值观培育和发展的主体是人，终极目标是使人类全面自由发展，而生产力的高度发展是人发展和存在的基础。生产力的发展能够创造更多的物质财富，拓宽人交往的程度和普遍性，为人的发展提供更多的可以自由支配的时间，而时间是人的发展的空间。对生产力发展这一根本尺度，我们不能简单化理解，要注意以下几个方面。

第一，注重对生产力发展的内涵、质量和社会意义的评价。人们通常简单地以经济指标衡量生产力的发展水平，但生产力具有更丰富的内涵，生产力的发展创造的社会财富具有更重要的社会意义。对社会主义核心价值观培育和发展的评价不仅要着眼于继续解放和发展生产力，而且更重要的是提高生产力发展的质量、内涵和社会意义，实现生产力的持续科学发展，关注其价值属性。

以更少的成本创造更多的物质财富，这是生产力发展的内涵要求。经济的增长以前主要是通过消耗自然资源，投入人力、资本等；而在全面深化改革的新时期，我们就要改变经济增长方式，维持高水平的生产力，依靠科技创新，驱动产业发展，提高自身的管理水平，这样才能在激烈的国际竞争中取得优势。

最大限度地减少发展的代价，这是生产力发展的质量要求。我们已经取得了巨大的发展成果，但是也在一定程度上付出了代价，比如，我们的生态环境越来越恶化，人民的道德水平有了一定的下降，社会也出现了比较明显的民生问题，差距越来越大。对于生产力来讲，它的发展应该有利于经济的增长，但是与此同时也要在一定程度上控制发展所付出的代价，也就是要做到公平公正的发展，要做到协调统一的发展，要做到持续性的稳定发展。

生产力发展的成果要更多地为人民享用，这是生产力发展的社会意义。生产力代表人和发展之间的辩证统一，所以，在关注生产力的时候除了注重效率之外，也要对生产力的价值进行考量，也就是说经济增长及生产力的发展要能够让人们的需求得到更好的满足，也要有助于人的发展。生产力所带来的发展成果应该可以为更多的人民提供便利、满足更多人民的要求，也就是说生产力发展的成果应该惠及所有人民。

第二，生产力是根本尺度应当在最根本的意义上理解。社会主义核心价值观属于社会思想上层建筑，它并不会直接促进生产力发展，它的直接目标是规范人的行为、营造社会秩序、实现社会公正。但人是生产力发展的主体，社会主义核心价值观通过使人确立正确的价值观、提升精神境界、激发积极状态、提高实践能力，从而推动生产力发展。因此，生产力归根到底是评价社会进步和价值观建设的最高标准和尺度。

第三，生产力尺度不能表象化理解，要在实质意义上把握。从外在表象看，生产力发展表现为物质财富增加、经济效益提高，但这样理解生产力就过于简单化了。从内在实质上看，生产力包括三个基本要素：劳动资料、劳动对象和劳动者。生产力的发展意味着生产力三要素的提高，如劳动工具的改进、劳动对象范围的扩大和层次的提高、劳动者整体素质的提高。所以，生产力尺度应该主要从三要素衡量。而这三要素又内含一些具体指标，包括科技发展程度、科技成果的转化能力、管理科学化水平、人们的交往关系、劳动者的精神状态和进取精神等。

第四，生产力标准不是唯一的衡量尺度。中国特色社会主义优越性的彰显归根到底在于社会生产力的发展和人民生活水平的提高。但完善和发展中国特色社会主义是系统性、整体性、协同性的事业，涉及政治、经济、文化、社会、生态等各个领域。在全面深化改革、推进国家治理体系和治理能力现代化的现实境遇下，社会结构各层面、各领域的制度建设都会发生深刻的变革，这就要求我们对社会主义核心价值观成效的评价要根据不同领域的发展目标确立多方面的衡量标准体系。生产力标准不是唯一的衡量尺度，不能以生产力标准取代或排斥其他评价标准，这样才能全面、科学、有效地评价当代中国价值观培育和发展的成效。

总之，重视解放和发展生产力，尊重人民群众的首创精神，是改革开放取得成效的最重要的经验，是中国革命、建设和改革取得成功的法宝。

2.社会秩序是首要尺度

保持稳定而又富有活力的社会秩序是社会存在和发展的前提，社会秩序指向公共领域的社会合作、社会关系和个人的社会行为，蕴含人们对合理的社会交往关系、社会规范和利益关系的诉求，因而人们往往将其作为评价社会价值观、社会行为和社会制度及其结果的重要的价值尺度。社会文明发展要求改善交往关系，实现社会平等，塑造良性社会秩序。在所有的影响社会秩序的因素中，社会价值观，特别是核心价值观的培育非常重要。社会秩序是社会主义核心价值观培育的首要尺度。

（1）准确理解良性社会秩序

良性社会秩序是评价社会主义核心价值观的尺度，是社会发展的内在要求。

第一，良性社会秩序是以制度规定社会各要素关系的社会运行状态。社会秩序的表征是有规则的运行状态，规则的依据是权威，权威的来源是领袖权利或社会制度。传统社会是人治社会，权威来自领袖权利，领袖的意志决定社会规则和社会秩序的状态。现代社会是法治社会，权威来自社会制度，社会运行规则是由制度规定的。有制度约束和规范的社会关系就保证了社会运行的公正性、稳定性和民主性。

第二，良性社会秩序具有以人为本的价值内蕴。建构社会秩序是社会存在和发展的手段，尊重人性、促进人的自由全面发展才是社会发展的目的。社会秩序表明了社会运行的规则性、有序性，良性的社会秩序必须以尊重人、依靠人、发展人为基本前提和价值目标。有的社会秩序也可以是有规则的、有序的，但社会组织和结构运行是违反人性，不尊重人权、人的尊严、人的意志和人的价值的，这样的社会秩序就是恶性的。如果失去了人的发展的价值向度，社会秩序的建构就没有任何意义。

第三，良性社会秩序是开放的、发展的。因为规定社会秩序的规则和制度具有一贯性、稳定性，所以，社会秩序也具有相对稳定性，而不是变动不居的。构成社会秩序的各要素的社会地位和社会角色相对稳定，形成自洽的、前后续接的、有序的社会系统。但社会秩序的稳定性并不是封闭的、保守的，而是开放的、创新的、充满活力的、不断发展的。社会秩序变动的动力来自内部或外部，有动力、挑战或压力。在形成社会秩序的内部各要素中，人性有不断发展的需求，它要求改进生产工具、创造更多财富、改善交往关系、营造自由环境、共享发展成果。社会系统中每一种社会要素的改善都要求其他构成要素的改变，由此推动了社会秩序、社会生态的发展。

在影响社会秩序变动的外部要素中，国际组织和强势国家的力量是主要因子。他们的影响力既有积极的也有消极的，发生影响的程度取决于全球化的状况和维护自身社会秩序的力度。良性社会秩序是具体的、历史的，而不是抽象的、凝固的。不同社会形态有不同的社会秩序样态，其样态的表现形式取决于国家性质，以及社会生产方式。在渔猎社会，社会秩序是以渔猎生产为轴心，以血缘关系、氏族关系为基础建构的，体现了氏族首领权威下的人们之间的平等关系，社会秩序体现了生存的逻辑；在农耕社会，社会秩序是以农业生产为轴心，以地缘关系为基础建构的，体现了国王或皇帝统治下的社会等级关系，社会秩序体现了权力的逻辑；在现代工业社会，社会秩序是以工业生产为轴心，以市场关系为基础建构的，体现了制度规范下的权利平等关系，社会秩序体现了金钱的逻辑。作为评判尺度的社会秩序也有评判尺度的问题，符合评判尺度的社会秩序表明，不同社会形态下的社会秩序具有历史合理性，这种合理性在于它们建基于不同社会生产方式的正当性。社会秩序的评判尺度主要有：符合生产力的发展要求、维护生产关系、体现时代要求，使社会保持活力。

（2）凝聚社会共识、形成社会合力

个人的意志和诉求之间的冲突最根本的是利益对立，最核心的是价值观的冲突，但价值共识可以增强社会共识，消解、弱化利益对立，形成社会发展合力。

价值观是协调社会各个阶层相互关系的灵魂和基本准则，也是一个社会具有凝聚力和向心力的重要源泉。当代中国正处于社会层次化、价值多样化、利益多元化的社会变局中，发展中的矛盾和问题逐渐集中凸显并显现出尖锐化、激烈化的态势，各种社会矛盾的结点、人民群众的强烈诉求聚焦于这一变革的时代。凝聚社会共识、形成社会合力正成为当今中国社会全局性的关注焦点，它最能体现当下中国社会各阶层各群体的共同期待，是形成共同意愿的"最大公约数"。

中国社会发展进入新常态，社会阶层结构出现剧烈变动，社会分化形成不同阶层和利益群体，各阶层、不同利益群体基于各种利益诉求形成不同力量，各种力量在利益分配关系中的博弈使得社会矛盾增加，各种力量的冲突会消解社会发展的动力。利益诉求矛盾的背后是价值观的冲突。利益的分化、动力的弱化可以通过社会制度加以规范和引导，但真正消解社会结构各要素、社会各阶层的根本矛盾，增强社会发展合力，还需要建构社会主义核心价值观，发挥主流价值观的作用。社会主义核心价值观具有引导人们的活动方向、凝聚人们的精神力量、激励人们的实践动力、规范人们的价值取向、整合人们观念分歧的功能。所以，社会主义核心价值观的培育和发展要注重其增强价值认同、形成价值共识、营造社会秩序的作用。

（二）社会主义核心价值观对大学生核心价值观的引领作用

引领指的是社会中的一部分个体或一部分群体可以引领社会其他人的发展，作为引领者也需要表现出比其他人更多的可信度、包容度及超越度，这样他才能吸引其他人，将其他人整合起来，共同受到自己的引导。对于当代社会来讲，社会主义核心价值体系就是思想的引导者，它也一直是我国社会中的主导价值观。

社会主义核心价值体系明确要求了当前经济社会条件下所有成员要达到的价值标准和目标以及要达到的道德素质水平，可以说社会主义核心价值体系的包容力、整合力是非常强的，它可以让不同阶层、不同民族的人以此为纽带共同发展，大学生的核心价值观也需要在社会主义核心价值观的引领下进行发展。

1.社会主义核心价值体系引领大学生核心价值观的内容凝练

在培养大学生的价值观时要解决这些问题：如何确定正确的价值观，如何制订出科学的价值评判标准，如何设置有意义的价值目标。社会主义核心价值体系的出现有效地解决了上面提到的三个问题，它明确了大学生应该以哪种精神面貌发展，应该完成哪些目标，应该在完成目标的过程中遵循哪些行为准则。也就是说，大学生价值观可以以社会主义核心价值体系为基础进行内容凝练。

大学生核心价值观属性的确定必须考虑大学生群体的基本利益、大学生群体的意愿，在构建大学生核心价值观的过程中应该充分接受大学生的意见，得到他们的认可，这样才能使大学生不对此产生排斥，如果一旦让大学生产生排斥，那么再好的教学方式、教学手段也不会被大学生所接受。从大学生的角度来讲，核心价值观中的内容能否得到他们的认可，主要在于核心价值观的内容是否能够表达他们的群体利益、群体意愿，社会主义核心价值体系可以在一定程度上引领大学生核心价值观的构建，社会主义核心价值体系代表的是一个国家、国家人民、一个政党的基本主张，它始终关心人民的根本利益，始终关注人民的意愿追求。社会主义核心价值体系可以引领大学生核心价值观的内容凝练，必然能够得到大学生群体的认同。

2.社会主义核心价值体系引领大学生核心价值观的形成过程

社会主义核心价值体系除了可以引领大学生核心价值观的内容凝练，也可以引领价值观的形成。

（1）形成初期

大学生可以在社会主义核心价值体系的熏陶下继续建设自己的价值观念。我国的社会思想一直以马克思主义时代精神、社会主义荣辱观、爱国精神及社会主义理想为主，这些观念已经深深地印在了人们的脑海中。社会主义核心价值体系只是将深入人心的观念提炼出来，也就是说社会主义核心价值体系中的观念来自民众、来自民众的日常生活，和人民群众之间有着极为紧密的关联，所以，它能够更好地引领人民的思想发展，也能够为人民的思想发展提供服务和支持，人民也会在社会主义核心价值体系的引导下形成较大的凝聚力和向心力。在全社会都形成这种凝聚氛围、团结氛围的时候，大学生的核心价值观形成也必然会受到社会主义核心价值体系的影响。

（2）形成时期

大学生可以在社会主义核心价值体系的教育下形成正确的价值观。大学生核心价值观的内容和社会主义核心价值体系中的内容是完全一致、吻合的，在构建大学生核心价值观期间，应该充分利用社会主义核心价值体系的内容。高校思想政治教育课程的主要内容也来自社会主义核心价值体系，为了更好地使大学生形成正确的核心价值观，高校必须将社会主义核心价值体系和学校的思想政治课程进行深入融合，这样学生就可以在第一课堂中接受理论知识的灌输，形成正确的思想道德认知、养成正确的行为习惯。与此同时，学生还可以在实践活动中践行理论知识，将理论知识彻底地转化为自己思想中的认知，并且可以让大学生核心价值观去指导学生的实践。

第三节　社会主义核心价值观培育

一、社会主义核心价值观培育的家风建设

良好家风与社会主义核心价值观是相互联系，具有内在契合性。良好家风与社会主义核心价值观都深深植根于中华优秀传统文化中，其目标都是为了培养有良好道德品质的时代新人，从而促进和谐社会。因此，社会主义核心价值观培育的家风建设机制如下。

（一）家风激励约束机制

1.激励机制

激励主要指的是人们通过一些内部或外部的刺激，获得兴奋动力而形成一种内在的驱动力，并引导人们实现目标。激励机制是通过正面的激励和奖励措施，来激发客体做事情的动机；约束机制是通过对客体进行否定或者惩罚以降低其从事某种行为的动机。激励机制能够帮助客体形成较为稳定、正确的价值观念，约束机制能够及时纠正或遏制客体错误的价值观念。各种机制互相配合，相互作用，共同推进家庭良好风气的形成，引导和培养学生的价值观形成，促进学生价值观的认同。

社会主义核心价值观培育通过建设家风对学生进行激励，帮助他们塑造正确的价值观念和良好的道德行为。

（1）目标激励

目标激励是指通过设立一定的目标对行为进行激励①。目标本身是行为的刺激物，能够引导和激励行为的发生。通过设定合适的目标，能够让人们为了实现这个目标而提高自身活动的积极性和主动性。不同的家庭根据成员的需要不同，会产生不同的家风追求目标。从人的需要出发，激励手段和方式应该在针对人的不同需要的基础上进行设定，因此家风目标的制订也需要符合学生的需要，需要科学合理的设置，过高的期望以及没有外界的帮助，容易使学生丧失动力，要设置符合学生现阶段发展的合理目标。在家风建设中，根据每个家庭的不同特征以及学生的身心特点，将社会主义核心价值观作为家风建设的目标，将它分解在学生成长的不同阶段的生活、学习和娱乐等各方面，以此来引导他们主动认同价值观。

（2）情感激励

情感激励强化感情交流沟通，通过对家庭成员进行肯定、赞扬等方式，让他们获得存在感、成就感，感受到自我的价值，同时也得到情感上的满足，激发他们的行为动力。尤其是父母与学生拥有深厚的血缘感情基础，学生更加看重父母对自己的看法，当学生表现突出时父母应该主动地给予他们鼓励、赞美，让他们

①目标激励就像一座灯塔，不同的家风目标引领家庭成员走向不同的道路去奋斗。

在赞美与鼓励中坚定自我、不断进步。但是需要注意对学生不能过度赞扬，以及要对学生的优良行为、品质等深层次的表现进行赞扬，而不仅是外表等浅层次的赞扬。这样才能更好地发挥感情的激励作用，对学生进行价值观的引导，让他们知道什么行为是正确的，是会得到家长赞美的，从而促使他们继续保持下去。积极正确的指引、适当赞扬的情感激励能够树立健康向上、共同进步的家风文化，激励子女奋发图强，进而确定自己的价值追求。

（3）物质激励

物质激励是满足学生一定的物质需求，通过物质奖励的吸引，激发他们行为的动力。随着人们物质生活水平的提高，大多数家庭也开始对学生进行物质奖励，以此来培养学生的价值观，比如在学生做家务时给予他们一定的物质奖励，或者当他们在学校获奖后给予物质奖励，答应学生当他们的学习成绩进步就满足他们的物质要求，从而调动他们的主动性、积极性。所以，在进行物质激励方式时，对他们的金钱奖励要适度，注重对激励奖品的选择，尽量不选一些肤浅的物品，而是选择一些具有深刻意义，有益于价值观塑造的激励物品，进而培养、塑造学生的价值观。

除了这两种激励方式外，激励机制中还有一些其他有效方式，如榜样激励法、参与激励法、竞争激励法等。总之，激励机制能够从学生的内在需要出发，激发他们对价值认同的主动性和积极性。

2.家风约束机制

约束机制是自然界和人类社会中普遍存在的。与激励机制相反，约束是对主体从事某种行为的动机进行制约和限制。从教育学的角度来说，约束也是必要的教育方式，能够通过约束机制对学生的一些错误行为进行及时的制止与教育。

（1）监督约束法

在家风建设中，约束机制的正常运转，需要充分发挥监督约束的作用，在家庭生活中需要时常关注家庭成员的情况，找出同教育目标存在的差距，从而及时采取措施做好协调和纠正工作。家庭成员的自我约束管理十分重要，对自己好的行为及时予以肯定，对不好的行为及时改正，营造自我监督的良好氛围，形成良好的价值选择与价值判断。

（2）警示约束法

警示约束法通过禁止的话语，点出哪些错误的价值观是我们需要避免或者纠正的。警示约束能够通过警示的话语告知家庭成员，哪些事情是可以做的，哪些事情是不被允许和接受的，并自觉在日常生活中避免发生这些行为，以免产生不好的后果。批评教育是警示约束法最常用的方法之一，通过警示能够让家庭成员了解是非善恶，知道自己应该怎么做，从而在他们心目中树立一个正确的价值标准。

（3）惩罚约束法

惩罚约束法是约束机制中最常运用的一种方法，但也是最需要注意的一种方式。惩罚是指家庭成员在日常生活中做错事或违反家庭规则而受到惩罚，是用来纠正不良行为，减少不良行为的发生，灌输正确价值观念的。惩罚的方式有很多，不同的家庭采取的惩罚方式也不尽相同，而不同的惩罚方式针对不同行为。

第一，口头惩罚：指的是批评教育，是最常出现的一种惩罚形式，主要是通过语言对学生的错误行为进行教育，让他们知道这是错误的行为，教育他们避免再次发生这样的错误。但是口头惩罚的批评教育需要注意言辞得当，不当的言辞容易对未成年产生消极影响。

第二，肢体惩罚：就是通过打手板、罚站、罚跪等生理上的疼痛，来强化其对错误行为的认知。但是社会上对于肢体惩罚有着较大的争议，因此在进行肢体惩罚时需要注意把握"度"，不能对被教育者的身体造成巨大伤害。

第三，物质惩罚：是通过对家庭成员的物质权利进行一定的控制，比如罚款、没收物品等来对他们进行惩罚，让他们了解到错误行为会产生的后果。在现代家庭中，通常是通过减少学生的零用钱、上交处罚金、没收玩具等来对他们进行物质惩罚。

第四，劳动惩罚：是指通过让犯错误的成员进行一定的家庭劳动或者社会劳动，认识到自己的错误行为。

总之，激励机制主要以学生的需要为主，提高认同的主动性与积极性。约束机制主要强调对学生的行为进行合理控制，行为要理性，要有所敬畏。这两种机制互相配合，相互作用，以目标、情感等激励方式为主，监督、惩罚等约束为辅。促进家风建设，对学生进行价值观的引导。

（二）家风协同助推机制

1.学校的辅助作用

家风建设除了家庭这个主要培育场所外，学校教育的辅助性也很重要，能助推家风建设的进行。学校是除家庭外，最直接培养个人价值取向、道德行为的场所。

学校是学生除了家庭以外生活时间最长的场所了，能够很好地辅助家风建设。学校教育除了教学生理论文化知识外，学校可以通过开设关于传统家风文化与家风文化的相关课程，来提高学生对家庭教育和家风的认知。开展关于"家风"演讲比赛，让同学们去探索、追寻自己家的优良家风。将社会主义核心价值观倡导的内容融入学校的日常教育，在学校营造良好家风文化氛围。此外，高校应该加强对教师的培养，教师是学生的引领者，培养教师对家风建设的认识，能够帮助教师更好地引领学生进行家风的建设，更好地把社会主义核心价值观内容融入家风中，为家风建设提供科学指导。在日常教学中，学校教师要注意言行，抓住机遇，及时教育，不断提高师德，为学生树立好榜样。

2.社区的渗透作用

社区的文化建设和管理服务做得越好，家庭就更能融入社区生活，社区居民关系就会越和谐，每个家庭对社区的依赖也就越强，对社区的归属感也越强。对社区的归属性越强，那么当社区建设需要帮助的时候，就能更主动地贡献自己的一分力量。

（1）社区文化

社区文化有着鲜明的地域特色，是地方文化的具体表现。社区文化能够反映出当前地域的特点、居民生活的特点。通过定期组织社区活动，开展社区教育，将社会主义核心价值观以居民喜闻乐见的形式融入日常的家庭生活中，指导他们建设家风。社区居民长期生活在同一环境中，容易形成相近的行为模式和相似的价值观。通过社区文化向群众传播社会主义核心价值观，必须以社区文化的群众基础为基础，充分发挥群众的积极性和主动性。家风可以作为社区文化的载体。社区从居民的生活中提取良好家风的典型范例，开展家风评比活动，让居民在可视化或参与的过程中获得深刻的感知和认可，进而鼓励社区其他家庭积极营造自己的良好家庭氛围。

（2）完善社区的家庭服务

社区服务可以直接对家庭进行指导，维护家庭和谐氛围，提高家庭教育的有效性，促进社区家庭优良家风的建设。其次，社区服务能够主动向特殊家庭和群体提供帮助，解决家庭实际困难，帮助他们开展家庭教育，提高他们参与社区生活的能力，推动社区环境更加和谐发展。

3.大众传媒的传播作用

在实践中，大众传媒对家风建设起着重要作用，运用大众媒体的传播优势，做好家风宣传工作。通过特定的节目讲解名人家风，大力宣传优秀的家风文化，加深学生对优秀家风文化的认识，进一步推动家风建设。此外，我们要充分发挥大众传媒独有的传播优势，对学生进行价值观的引导，通过"寓教于乐"的形式，使他们在娱乐中受到教育，促进他们的思想进步和对价值观的认同。

社会生活中，大众传媒作为主要的传播者，要保证传播信息的真实性、有效性和全面性。学生对大众传媒的依赖性很强，很容易受到传播内容的影响。因此，在进行大众传媒的传播时，要注意提高大众传媒职业人的专业素养，保证他们发布信息的真实性和全面性，及时过滤不良信息，优化传播环境。通过大众传媒传播优秀家风及主流价值观，筑牢学生的思想阵地，能够在一定程度上促进学生对社会主义核心价值观的认同。

（三）家风巩固保障机制

家风建设需要一定的巩固保障机制来维护，首先需要确保家风建设的文化保障，保证以正确的理念促进认同。其次，对家风建设给予一定的物质保障，提供动力的支持。最后，是制定家风建设的相关制度保障，为认同营造良好的氛围。

1.文化保障机制

家风建设应该从中华优秀传统文化中不断地汲取养分，不断丰富和创新优良家风的内容，为家风建设提供良好的文化保障。教育应该将中华传统文化知识纳入学生的学习范围，通过学习这些知识能够有效地抵制外来文化对学生价值观的影响，同时提高学生的思想道德修养和文化素养。

加强学校的校园文化建设，增添家风文化的内容，校园文化是家风建设和社会主义核心价值观传播的重要载体之一，对学生有着无形的影响作用。要将家风文化融入校园的物质文化建设中，使校园充满家风文化的氛围。将家风文化与社会主义核心价值观的内容加入校风、班风的建设，打造优良的校园精神文化，引导学生树立正确的价值观念。

合理运用大众传媒的作用，传播家风和社会主义核心价值观内容，增强学生对他们的认识和理解。大力宣传中国梦，充分发挥指引作用，增强学生的自信心和民族文化认同感。

2.物质保障机制

国家、社会从物质上巩固和提高家风建设的能力，保证家风的良好建设。在全社会开展"模范家庭"的评比，在全社区或者单位对他们进行一定的物质奖励，能够在一定程度上刺激其他家庭向他们学习，形成好的模范带头效应。在这种物质的激励下，大家都努力地去争取家庭模范的称号，形成自己的独特家风文化，弘扬社会正能量。

拨出部分资金进行家风建设，可以通过文化宣讲，邀请名人大家对自己的家风文化进行宣讲，帮助大家了解怎样建立家风，形成家风建设的良好宣传。通过社区、街道、大众媒体等为家风建设创造有利的环境与条件。充分利用街道宣传墙、社区宣传栏、大众媒体等种形式和方法，以点带面使家风融入人们生活的各个方面。通过具体的物质保障使民众明确该做什么、不该做什么、哪些事值得大家学习等，借此来建设家风，塑造良好的道德环境。

3.制度保障机制

家风的建设、社会良好风气的形成，都需要规章制度对它们进行保障。在人们遵守法规的前提下，不法行为能够被及时地纠正与制止，有助于形成良好的社会风气和氛围。

法律法规能够为家风建设提供制度支撑，保障家风在好的环境中进行建设。制定相关制度促进家风建设，能够发扬我们重视家庭教育的优良传统，引导全社会注重家庭教育和家风建设。保证了网络环境的安全，为学生提供安全、健康的网络环境。"清朗行动"整治网络饭圈文化等，为学生营造安全干净的网络环境，清理影响学生身心健康、阻碍学生思想发展的不良信息，进一步完善和推广网络应用程序的学生模式。为家风的外部建设维护良好的网络环境。

从家庭微观角度来看，家庭是学生生活时间最久的地方，家庭的教育对学生思想的影响是持续一生的。除了国家层面的制度保障之外，在家庭生活中也应该制订相应的规则，通过规则意识，让学生学会遵守规矩，形成良好的道德人格，保证家风的清正以及家风建设的有效运行。学生身心发展的不成熟，以及当今社会文化多样性，社会环境也越来越复杂，学生能够接触的文化和价值观越来越多，他们在面对各种价值观时会很困惑，不能及时做出正确的价值选择。这时也需要我们通过制订家庭的规则，在家庭中以正确的价值准则对他们进行引导，在日常的生活中就帮助他们做选择，让他们学会选择。

二、大学生核心价值观培育融入社会主义核心价值体系

高校是为祖国培养国家接班人的地方，应该以德育为先，育人为本，社会主义核心价值体系是大学生核心价值观的根本所在，因此，新时期高校学生思想建设、政治教育的重要任务应该落脚于大学生核心价值观与社会主义核心价值体系的融合中。

（一）在大学生核心价值观培育中融入社会主义核心价值体系的基本要求

第一，社会主义核心价值体系已经为大学生核心价值观的培育确定了培育方向。大学生核心价值观培育过程中要把社会主义核心价值体系当作培育的基本依据，以此为基本依据，就基本确定了大学生核心价值观的培育方向。分析社会主义核心价值体系可以发现，该体系是科学的，是基于社会民众建立起来的，它能够解决人民群众的实际问题，大学生核心价值观的培育以社会主义核心价值体系为基础能够帮助大学生在多元文化背景下明确自己的价值信仰，而且社会主义核心价值体系是以实践为基础确定下来的，它可以更好地指导大学生的行为。

第二，应该使用社会主义核心价值体系的培养要求对大学生核心价值观进行培育。社会主义核心价值体系中的内容和当下的时代精神及过去的优秀传统文化是相互统一的，它的这一特性要求大学生核心价值观的培养既要做到对传统文化的继承，也要学习新时代的新方法，也就是说，要在继承中进行创新，我国的社

会主义核心价值体系同时具有广泛性特点、先进性特点，所以，大学生核心价值观的培养要注重民主，要尊重不同学生的个体差异，强调大学生的个性培养要充分激发大学生在核心价值观培养中的主观能动性，只有大学生积极参与了，大学生才可能将学校教育和自我教育进行充分的融合。

第三，社会主义核心价值体系应用在大学生核心价值观培养的过程时一定要注意内容的融入，而不是将内容灌输给大学生。也就是说，核心价值观培育不能仅仅使用课堂的知识传授方式，也要突出实践教育，让大学生在体验中真正了解社会主义核心价值体系的意义。

（二）在大学生核心价值观培育中融入社会主义核心价值体系的理念模式

社会主义核心价值体系在结合大学生核心价值观培育的时候，需要构建出符合大学生核心价值观培育要求的工作理念或工作模式，这样才能始终保证社会主义核心价值体系在培育过程中的主导地位。

第一，社会主义核心价值体系必须在尊重学生个体不同、包容学生差异的情况下去结合大学生核心价值观培育，这样大学生才能从内心中主动接受社会主义核心价值体系，也只有这样，才能真正让大学生形成正确的核心价值观念、人生观念。换句话说就是大学生核心价值观培育要在尊重大学生个体成长规律、大学生的学习规律、心理需要的前提下开展，这样的大学生才可能在教育中获得情感的共鸣，才可能真正认可核心价值观念。当大学生认可核心价值观念后，大学生的价值观就会由外向内地发生根本性的改变。

第二，社会主义核心价值体系是在继承传统观念的基础上结合时代精神形成的，所以高校之前使用的课堂教育形式及辅导员下派到实践活动当的教育形式已经不能满足当下思想政治教育的需求了。在这种情况下，就需要构建新的工作模式，新模式的构建需要考虑学校的人才培养理念、学生的需求、学生的专业特色及校园文化，在此基础上构建出"四位一体"的工作模式。具体来讲，"四位一体"指的是以社会主义核心价值体系作为基本的思想理念支撑，在它的引导下设定人才培养目标、明确人才培养方向；让大学生核心价值观培育和大学的校园文化建设进行融合，为大学生的成长创设氛围；实践活动的开展需要结合学生的专业特点、个人特点；为学生个人问题的解决提供平台，并且利用平台了解学生的真正需求。在四位一体的工作模式中，最关键的是社会主义核心价值体系的引领，该模式的基础是为大学生的价值观培养提供良好的氛围，培养手段是针对性地进行培育、因材施教，最后还可以利用平台反馈的方式对工作效果进行检验。

第三章 微时代社会主义核心价值观传播优化

在微时代条件下，社会主义核心价值观的传播呈现全新的特征，表现为传播主体的多元化、传播方式的立体化、传播形式的民主化。本章对微时代的网络传播、社会主义核心价值观网络传播观念与认知、社会主义核心价值观网络传播机制、微时代社会主义核心价值观传播路径、社会主义核心价值观网络传播的话语方式转变与环境优化进行论述。

第一节 社会主义核心价值观网络传播观念与认知

一、社会主义核心价值观的传播的特征与意义

（一）社会主义核心价值观的传播的特征

社会主义核心价值观传播是传播者运用语言、图像等表达符号通过多种传播媒介形式对受众进行有针对性的引导，从而影响其思想、观念，促进其对社会主义核心价值观的理解、认同与践行的信息交流过程。同一般传播一样，社会主义核心价值观的传播亦包含传播者、受传者、传播内容、传播媒介以及传播环境等主要传播要素，这些要素相互影响、相互作用、缺一不可，共同决定传播效果。同时，作为一种特殊的价值观文化，社会主义核心价值观传播过程与其他内容的传播不同，具有自身的独特性。

1.社会主义核心价值观传播的特征

（1）传播主体特定性

传播主体包含传播者和传播受众。一般来讲，传播受众即人民大众，这一点

毋庸置疑，也无须赘言，这里需要对传播者进行重点说明。社会主义核心价值观的传播主体具有特定性，这是由其社会主义意识形态本质所决定的。社会主义核心价值观的传播者一般主要包括广大党员干部、广大媒体工作者以及广大教师、学者等。

无论是在传统媒体主导的过去还是大众传媒时代的当下，社会主义核心价值观的传播角色都是特定的，尤其在我国社会主义初级阶段的国情下，这种特定性不会变，因为不可能人人都成为社会主义核心价值观的传播者。因此，在人人都可以是传播者的大众传播时代，更应加强社会主义核心价值观的传播，为我国意识形态安全保驾护航。

（2）传播内容不稳定性

社会主义核心价值观传播的核心内容是确定的、毋庸置疑的。用来传播社会主义核心价值观的具体内容是灵活的、多样的，具有不稳定性。这种不稳定性为社会主义核心价值观的传播带来的更多的灵活性与便利性，有利于其内容的加工与形式的创新，将其与受众的日常生活相融合，提升其亲和力和感染力，有助于使其真正为受众所理解与认同。

（3）传播媒介大众化

社会主义核心价值观传播的目的是用其来引领人的思想观念、价值理念与生活方式，实现大众化传播，这就离不开面向人民大众的传播媒介，也就是要实现传播媒介的大众化。实现传播媒介大众化需要将以语言、文字、肢体动作、表情等代表的传统传播媒介与以广播、电视、互联网等为代表的现代大众媒介相结合，引领社会成员的精神生活，确立其在多元价值纷争中的主导地位。另外，在当今大众传媒背景下，传播媒介除了能够承载传播信息之外，还可以监控价值环境、把握受众价值趋向等，显然已成为影响传播要素、过程及效果的关键因素。

（4）传播环境复杂化

社会主义核心价值观传播除了传播主体、传播内容、传播媒介具有不同的特点之外，其传播环境也更加复杂。社会主义核心价值观的传播环境既包括传播主体、受众、内容、媒介等传播空间内在要素环境，也包括家庭环境、社会环境、国内环境以及国外环境等，这些都会影响传播效果，从而在一定程度上影响社会主义核心价值观的渗透力和影响力。一般来说，传播环境的影响是潜移默化的，也是可控的，所以传播者应积极改变和优化影响社会主义核心价值观传播的环境要素，从而营造良好的传播环境，提升传播效果。

随着新媒体与媒体融合的发展，社会主义核心价值观在传播理念、传播技术、传播方式、传播环境等各个方面都呈现出新的变化与特点，新媒体与传播媒体的深度融合、传播方式从"灌输为主"逐渐转变为"渗透为主"、传播的"中心化"理念也发生"再中心"的转变等，这些新变化、新特点成为推动社会主义核心价值观传播创新升级的重要力量。

2.社会主义核心价值观的传播意义

（1）凝聚共识，实现中华民族伟大复兴梦的必然要求

回望过去，展望未来，中国已经找到了实现"伟大梦想"的正确道路——中国特色社会主义道路。社会主义核心价值观源于历史、反映当代、面向未来，是共同价值追求、中国精神和时代精神的集中体现，是实现"伟大梦想"的强大精神动力。

（2）激发力量，应对重大风险挑战的必然选择

随着经济发展水平和国际地位的提高，中国面临的风险挑战越来越多。应对发展道路上的风险挑战，既需要强大的物质力量，也需要强大的精神力量。

社会主义核心价值观凝聚着民族精神和时代精神，是这种强大精神力量的凝练表达，它能够提高人民大众的价值共识、社会认同与社会责任感，激发中国力量，快速汇聚和团结各方面力量防范和抗击重大风险与挑战。在应对2020年以来的新冠肺炎疫情中，社会主义核心价值观在中国疫情防控的过程中发挥了重要作用，同时"抗疫"过程中形成的"抗疫精神"也丰富和发展了社会主义核心价值观的内涵。在社会主义现代化建设的新阶段、新征程中，中国将会面临许多像新冠肺炎疫情一样的风险与挑战，社会主义核心价值观是凝心聚力、应对这些重大风险挑战的必然选择。

（3）引领思想，维护我国意识形态安全的重要举措

经济建设是党的中心工作，意识形态工作是党的一项重要的工作。作为我国意识形态的核心，社会主义核心价值观是社会主义制度在思想和精神层面上的体现，其有效传播能够抵御不良意识形态的渗透和威胁，维护我国意识形态安全，是保障意识形态安全的重要举措。

二、社会主义核心价值观网络传播的认知

社会主义核心价值观网络传播之所以必要，就在于让以社会主义核心价值观为根本的网络文化根植我国网络空间，有利于引导网络价值导向、扩大网络思想共识、规范网络传播行为和优化网络环境氛围。

社会主义核心价值观是来自群众、来自实践的认识成果，是当代中国的价值共识，具有鲜明的科学性和真理性，承载着制约和整合网络空间中非核心、非主导价值观念，能够在网络空间中确立起共同的、为大多数网民所普遍接受并自觉遵守的、主导的、核心价值观功能。因此有必要加强社会主义核心价值观网络传播，使这一价值观念融入网络空间中的各个角落，成为引领网络价值观念形成与发展的风向标。

作为中国特色社会主义先进文化的重要阵地，网络传播必须将坚持正确导向和传播优秀网络文化作品结合起来。繁荣网络文化，必须坚持正确的发展导向。

社会主义核心价值观网络传播的重要结构包括：①主体主导结构。社会主义核心价值观网络传播主体主导结构是在充分发挥传播主体主导作用的条件下，对系统内诸要素进行排列和组合而形成的一种结构形式；②客体需求结构。客体需求结构是在社会主义核心价值观网络传播主体主导结构基础上，传播客体要素的地位和作用发生变化而衍生出的新的社会主义核心价值观网络传播结构；③环境影响结构。社会主义核心价值观网络传播环境主要是指环绕在社会主义核心价值观网络传播系统周围并对系统构成要素以及传播效果产生影响的网络因素的总和。因此，环境主要是指影响社会主义核心价值观网络传播系统运行的网络环境。

第二节　社会主义核心价值观网络传播机制

传播机制是指社会主义核心价值观网络传播系统构成要素的内在运行方式和工作方式，其中主要包括主体广泛参与，内容的有效供给和信息的广泛扩散，这三个方面的机制也是研究相关举措的主要出发点和落脚点。

一、社会主义核心价值观网络传播参与机制

社会主义核心价值观网络传播活动的参与主体是社会主义核心价值观网络传播活动的实施者。随着网络传播影响的日益显现，已经有不少传统官方媒介开办了官方网络媒介，发挥着社会主义核心价值观网络传播内容创作的重要使命。

社会主义核心价值观网络传播参与方式是基于对中国特色社会主义伟大成就，中国共产党领导中国革命、建设与改革的历史经验，社会主义先进文化资源，中华民族优秀传统文化资源以及世界优秀文化资源的充分挖掘，以全新创作和评论反馈等为主要方式参与传播活动。

全新创作强调社会主义核心价值观网络传播参与主体依据自身所具备的网络文化视野和艺术想象力，综合运用相关素材资源和网络传播技术，直接生产承载和反映社会主义核心价值观的网络文学、艺术、新闻和影视等作品。这里所指的全新创作不仅具有传播内容创作的一般特征，而且更为重要的是创作内容承载和反映了社会主义核心价值观，是具有社会主义核心价值观风格和内涵的网络传播内容。

参与机制的有效运行，就是要充分发挥各方参与主体的积极性，让更多的主体参与到内容的生产和传播当中。社会主义核心价值观网络传播生产机制的运行优化，就是进一步促进社会主义核心价值观网络传播生产机制内化和外化运动过程的有效运转，关键激发参与主体对社会主义核心价值观进行内化和外化的动力。

第一，激发参与主体的内化动力。①激发参与主体形成正确的自我意识，通过自我意识激发内化动力；②激发参与主体形成合理的需要结构，通过自我需要激发内化动力；③激发参与主体形成强烈的爱国情感，通过情感参与激发内化动力。

第二，激发参与主体的外化动力，推动社会主义核心价值观网络传播生产机制的有效运转，还需要增强潜在的参与主体对其进行外化的动力。①激发网络民众外化社会主义核心价值观的动力；②激发商业网络媒介外化社会主义核心价值观的动力；③激发官方网络媒介外化社会主义核心价值观的动力。

二、社会主义核心价值观网络传播供给机制

供给机制是指官方网络媒介、商业网络媒介以及网络民众供给社会主义核心价值观网络传播内容的内在运行方式和工作方式。供给机制主要解决的是社会主

义核心价值观网络传播供给的决策、效率和评价问题。

人们把当前社会主义核心价值观网络传播供给主体划分为官方组织（主要指宣传部门、文化部门、教育部门以及官方网络媒介等）、市场组织（商业网络媒介）、社会组织（非营利公益性机构、团体等）以及网民个体（网络民众个人）。其中，官方组织作为社会主义核心价值观的倡议者，从其自身是否直接参与供给可以将供给方式划分为官方组织直接供给以及官方组织间接供给两种方式。

社会主义核心价值观网络传播供给机制的运行策略包括以下内容。

第一，明确各方供给主体的使命责任，就是推动各方供给主体朝着优化社会主义核心价值观网络传播供给的方向发展，使其自觉承担和传播社会主义核心价值观的责任。

第二，加强多元供给主体的协同联动，就是要确立官方组织、市场组织、社会组织以及网络民众个体在社会主义核心价值观网络传播供给中的主体地位。

加强各供给主体的协同合作，充分发挥各方供给主体的优势，不断拓展和丰富合作内容，强化信息共享，在内容挖掘、技术创新等领域开展协同攻关，为社会主义核心价值观网络传播供给提供更多优质资源。

梳理官方组织、市场组织、社会组织以及网络民众个体之间在供给提供方面存在的交叉与重叠地带，形成分层次的供给体系和责任链条。其中，应该由官方组织提供的供给，则需由官方组织承担供给责任，进一步提高供给质量；应该由非官方组织提供的供给，官方组织则不再直接参与供给，而通过多元化的方式推动市场组织、社会组织和网络民众个体参与完成供给，让各方主体各归其位，各司其职，各展其长，让社会主义核心价值观网络传播供给能力得到最大限度的实现。

三、社会主义核心价值观网络传播扩散机制

社会主义核心价值观网络传播内容的扩散需要全体网络参与者的共同努力，每个人都应该是扩散的主体，其中重点门户网站、自媒体平台和网络意见领袖是扩散的重要主体。

（一）社会主义核心价值观网络传播扩散机制的扩散内容

第一，扩散社会主义核心价值观网络传播供给内容，这主要是指依托网络

传播强大的复制能力，对社会主义核心价值观网络传播供给内容进行直接转发和转载。

第二，扩散社会主义核心价值观网络传播供给内容的评论。这种扩散内容在转载转发的基础之上，附带有扩散主体对转发转载内容的相应评论，使得扩散主体能动性得到一定程度的发挥。这种内容一方面是对社会主义核心价值观网络传播供给内容的转载转发，确保了内容的准确性和完整性；另一方面同时附带有扩散主体的思想情感表达，不仅有利于吸收扩散对象对扩散内容进行关注和理解转载转发内容，也有利于在评论中融入扩散主体的倾向性观点从而实现对对象的影响和引导。在这种扩散内容当中，重点要注重对评论内容的准确性和合理性进行把握。

第三，扩散社会主义核心价值观网络传播供给内容的再加工内容。这种内容与社会主义核心价值观网络传播供给内容存在较大差别，是扩散主体结合扩散对象的需要对原有内容进行再加工、再创作，从而将新的主题、新的内容、新的形式呈现给扩散对象。这种扩散内容能够比较好地适应扩散对象的需要，但内容的失真程度也较高。

（二）社会主义核心价值观网络传播扩散机制的运行

第一，增强社会主义核心价值观网络传播扩散机制的引导力，就是要引导网络传播者按照预期的引导方向开展社会主义核心价值观网络传播内容扩散的能力，主要包括构筑完善的引导扩散体系。构筑完善的引导扩散体系，也就是构筑在社会主义核心价值观网络传播扩散中能够"为我所用"的网络传播体系。

第二，构筑完善的引导扩散体系，政府部门和官方媒介要主动适应移动化、大数据、云时代等网络发展趋势，积极推进政府部门、哲学社会科学单位、新闻出版机构等单位的数字化转型升级，开办官方网站和自媒体平台，在网络空间中打造一批优质的网络传播阵地群，将传统媒介环境中的引导扩散体系延伸到网络空间中，形成官网集群主导、理论响应支撑、新闻宣传辐射、文化娱乐影响的社会主义核心价值观网络传播扩散格局。

第三，充实优质的引导扩散内容能够增强社会主义核心价值观网络传播扩散动力。因此，需要特别注重提高社会主义核心价值观网络传播内容质量。应当坚持突出社会主义核心价值观网络传播内容的实用性，紧密结合扩散对象的实际需求进一步丰富内容主题，快速及时地跟进社会热点问题和现实生活，多采用图片、音频、视频、符号等形式吸引更多的扩散对象关注和接受。在语言上也要注重把握网络话语风格，多用一些当下流行的、诙谐的、口语化的网络语言，从而切实提升社会主义核心价值观网络传播的内容质量，通过内容本身来引导激发更多的扩散行为。

第三节　微时代社会主义核心价值观传播路径

一、打造"微平台"，积极开展理论宣传

（一）"微平台"的作用

微时代社会主义核心价值观传播路径，就需要借助"微平台"，积极开展社会主义核心价值观理论宣传，结合"微平台"受众群体的特点，推出人民群众喜闻乐见的宣传活动，开设网上党校、时事速递等栏目，让人民群众快速了解社会主义核心价值观的内容，加强人民群众对社会主义核心价值观的认同。

（1）打造即时性互动交流平台

不同于传统的传播渠道，"微平台"具有即时性、互动性的特点，通过人民群众对社会主义核心价值观的线上互动交流，可以及时解决人民群众存在的困惑，提高人民群众的认知水平，熟悉社会主义核心价值观的主要内容，理解社会主义核心价值观的深刻意蕴，并自觉践行社会主义核心价值观。

（2）借助典型案例强化宣传效果

"微平台"对社会主义核心价值观的宣传要结合实际案例，重点宣传践行社会主义核心价值观的道德楷模、先进人物，通过榜样的树立，让人民群众理解践行社会主义核心价值观的重要意义，提高学习的积极性和主动性，将社会主义核心价值观内化于心、外化于行。

（3）凝聚"微文化"，创作社会主义核心价值观的文化产品

社会主义核心价值观的传播离不开相应的文化产品，应积极凝聚社会主义核心价值观的"微文化"，鼓励人民群众创作展现社会主义核心价值观的文化产品，通过宣传推广，带动社会主义核心价值观的传播。

（4）丰富社会主义核心价值观传播载体

社会主义核心价值观需要借助丰富的载体，比如微电影、微视频、微访谈等传播形式，这些传播形式可以赋予社会主义核心价值观更多的趣味性，从而激发人民群众学习社会主义核心价值观的兴趣。以微电影《三分钟》为例，该片通过阐释敬业精神，加强了人民群众对社会主义核心价值观的认同。

（5）积极鼓励人民群众进行文化产品创作

可以通过举办"微文化"创作大赛，鼓励人民群众积极创作丰富多元的文化作品。比如《厉害了我的国》，就是通过网络征集活动，由普通百姓担任导演，基于人民群众的视角来讲述中国发展历程。相比专业影视作品，这种平民作品更能引起强烈的反响，而且也为人民群众创作"微文化"作品树立了典范。鼓励人民群众进行文化产品创作，不仅有助于提升文化产品的数量，更能拉近创作者和受众之间的距离，扩大作品的传播力度。

（6）积极营造创作社会主义核心价值观文化产品的社会环境

网络的日益普及，使得文化创作变得更加容易，但是在优秀文化作品不断涌现的同时，也出现了一些不良文化产品，政府相关部门应坚决抵制和打击此类作品，营造积极向上的网络环境。同时，人民群众也应提高自身修养，自觉抵制不良文化作品，不给劣质文化作品提供生存空间，从而形成"以传播先进文化作品为荣、观看劣质文化作品为耻"的社会文化氛围。

（二）"微平台""树洞"共情传播

随着媒介技术的发展和用户规模的壮大，网络"树洞"近年来衍生出了多种不同的形式。一类是"树洞"APP、话题"树洞"、公众号"树洞"、"树洞"小程序等非固定的即时性"树洞"。另一类是诸如微博"树洞"、网易云音乐"树洞"这种有着固定情感表达场域的持续型"树洞"，此类"树洞"多因与疾病或自杀等因素相关的已逝者而催生，且留言信息更新频次快、留言信息基数大。网络"树洞"界定为"陌生人之间敞开心扉揭露自我的半开放式线上情绪宣泄空间"。

1.网络"树洞"的功能

（1）集纳秘密——虔诚的"守约人"

网络时代，突破了原始树洞固定的传播场域，"树洞"传播呈现出更加灵活、海量、可视的特点，网络"树洞"的秘密集纳功能也产生了一定的变化。

网络"树洞"因其匿名性、虚拟性，以及留言信息更新频次快等传播特性，成为完美的秘密集纳箱，用户与相关已逝者存在高度情感关联的情况下，甚至会将网络"树洞"等同于逝者本人，在其中展开一场生者与逝者的对话，不求回应的同时赋予其秘密保守的意义，而无法再次开口的网络"树洞"恰恰正是最为虔诚的"守约人"。

网络"树洞"用户所进行的传播活动虽然也具备匿名的特质，但不同于原始树洞的单向传播，因社交媒体可视化、开放性、互动性等传播特征，尤其是微博"树洞"中，即使用户间互不相识，留言信息却是公开的、可供浏览的，在网络ID的掩饰下仅仅是一种半匿名传播状态。因此，尽管网络"树洞"本身难以开口泄露秘密，"树洞"中其他用户的洞见却是不可抗力因素，网络"树洞"仍旧是虔诚的"守约人"，但秘密的隐匿性稍逊于原始树洞。

（2）承载情绪——无限的"垃圾桶"

网络"树洞"正是为有着情绪宣泄需求、压力释放需求以及患有心理疾病的群体提供这样一个自由发泄的空间。在这里，用户可以毫无保留地吐露心中的不快、可以袒露最为真实的自我、可以与情感共通的用户在互动中达成理解与被理解，不必过度担忧因散布负面情绪而扰乱他人心态，不会因过度悲观而受到他人斥责，是一种真正意义上的无限包容的"垃圾桶"。

（3）倾听疾痛——忠实的"聆听者"

网络"树洞"虽然有着"树洞"APP、"树洞"网站、微博"树洞"、网易云音乐"树洞"等多样化的呈现形式，但在用户群体上却较为"固定"，这种"固定"并非指其用户群体单一，而是此类用户多为有着情绪宣泄、压力释放以及痛苦倾诉需求的人群，网络"树洞"也因此成为互联网空间中情绪承载和疾痛叙事表达最多的场域。因用户与相关已逝者存在高度情感关联的巨型网络"树洞"多涉及自杀、抑郁、绝症等相关话题，抑郁症等心理疾病患者在网络"树洞"用户群体中占比居高，由于此类疾病情绪低落、思维迟缓、意志活动减退等症状上的特殊性以及社会长久以来的误解，网络"树洞"这一无声的"垃圾桶"恰恰成为这一群体最忠实的"聆听者"，悲欢他们的悲欢、感受他们的感受、痛苦他们的痛苦。虽然抑郁症从来不是一个情感问题，而是一个关于疾病的理性问题，但网络"树洞"仍旧为他们提供了一方心灵的栖息之地，他们在这里浅吟低语、诉说疾痛，不必担心异样的眼光、刺痛人心的误解甚至冷嘲热讽。

（4）提供慰藉——暗夜的"补光者"

社交媒体作为一种开放式、互动性的交流平台，为网络"树洞"，尤其是暴露在公共交流领域的微博"树洞"、网易云音乐"树洞"提供了用户间互动交流、彼此慰藉的传播渠道，用户间的这种正向交流一旦发生，网络"树洞"情感慰藉的意味也就更进一步。网络"树洞"中出现了这样一群人，他们利用人工智能技术识别、负面信息，对相关人员进行疏导、提供援助，他们是医学人工智能领域的精尖人才，他们是不求回报的"树洞"志愿者，他们为"树洞"增添一抹亮光，为用户带来更多慰藉。

（5）寄托哀思——永存的"已逝者"

个体的数字化生存与社交媒体的泛在化使用重塑了死亡与悼念的形态，延展了传统哀悼与纪念的空间。由相关主体因病逝世聚集而成的网络"树洞"便是这样一种数字化的哀悼空间。在这一空间中，现实世界发生的特定事件会被用户以同逝者对话的留言形式转述并呈现，"树洞"的媒介记忆功能也得以体现，已逝者的存在痕迹被再次保留，不仅存在于牵挂他们的生者心中，亦在网络传播空间得以永续。值得注意的是，这种"永续"的记忆由于现代传播技术的限制，并对用户全部开放，尤以微博平台的"树洞"留言开放机制最为典型，被平台关掉的内容成为用户难以回溯的记忆，其他用户在无法查阅的情况下更是难以形成记忆共鸣，因此，这种铭刻于网络"树洞"的个人记忆与媒介记忆是否能够深化为社会记忆、集体记忆还有待商榷。

2.网络"树洞"共情传播的实现

完整的共情过程一般包括自我表露、共情理解、共情表达、共情感知四个阶段。在网络"树洞"中，共情的发生首先需要共情主体能够理解共情对象的独特经历并产生"共情理解"，即共情对象通过媒介渠道将自我表露的内容传递给共情主体并产生了意义解读；其次，共情主体在理解共情对象的独特经历后能够通过留言的形式将"共情理解"表达出来，与此同时，"树洞"中的其他成员也可能同时接收到这一"共情表达"；最后，借助媒介渠道，共情对象能够感知到被理解称为"共情感知"，在此基础上，完整的"树洞"共情传播才得以实现。

总之，网络"树洞"共情传播完整过程的实现是共情对象、共情主体、生活环境、媒介渠道等因素协同作用的结果。这些过程性的因素促使"树洞"用户产生"共情表达"行为的同时，也影响着他（她）们的"共情理解"，进而对"树洞"共情传播的表现阶段起到调节作用。

二、引导"微舆论"，传播积极内涵

从目前情况来看，各地的公安、消防、民生等部门都建立了官方微信、官方微博，用于回应各类社会事件，把控网络舆论的发展方向，防止出现网络谣言与不实信息。在未来的发展中，应持续加大"微舆论"把控力度，借助新闻发言人制度，积极传播社会主义核心价值观。下面论述高校大学生网络舆情引导。

（一）高校大学生网络舆情引导的现实诉求

第一，维持校园和谐稳定。通过对近些年影响较大的高校网络舆情事件进行梳理，发现高校网络舆情的爆发不仅会损坏高校的正面形象，也会对高校校园的和谐稳定带来较大冲击。加强对网络舆情的监测与研判，不仅可以及时掌握学生对校园日常管理工作和重大社会事件的看法和态度，了解学生的思想动向、心理动态和真正需求，解决学生、高校和社会之间的矛盾，发现问题并及时解决，从源头上预防相关舆情的发生，也能有效预防各类负面事件的突然爆发，在大规模危机事件爆发前及时介入从而维护高校正常的教育教学秩序。

第二，促进大学生全面发展。坚持真实性与人民性的辩证统一，把人民群众的需要作为新闻工作的切入点和立足点。在这些思想指导下开展的高校网络舆情引导工作目的也是以学生为中心，从他们期待解决的问题入手满足他们的利益诉求和生活需求去促进大学生实现全面发展。首先，积极有效的舆情引导可以帮助大学生构建良好的社会关系，形成对社会事件正确、全面的看法，在一定程度上缓解了大学生对进入社会的恐惧与焦虑情绪。其次，及时正向的舆情引导可以帮助大学生保持心理健康状态。近些年，大学生心理压力、导学关系异化等心理健康问题得到广泛关注与讨论，更加彰显了网络舆情引导工作在大学生成长成才道路中的重要作用。

第三，维护高校意识形态安全。我国高校不仅仅是人才储备和文化交流的必要场所，也是意识形态斗争的主要战场。新态势下，加强高校意识形态阵地建设，是一项战略工程、固本工程、铸魂工程。在万物皆可媒的全媒体时代，人人手握发声筒，大学生更是变成了网络舆情的主体，他们积极参与并传播着网络舆情，甚至可以引导舆论走向。因此，开展网络舆情引导工作成为维护高校意识形态安全的重要抓手。只有发挥网络的正向引领功能，稳固主流意识形态的感召力和向心力，才能让新时代的高校大学生普遍拥有向上的精神面貌，为全面建设社会主义现代化国家保障主体力量和活力之源。

第四，推动高校治理能力现代化。高校在大学生网络舆情引导工作中有着监督者、沟通者、引导者的多重身份，高校网络舆情的引导实效在一定程度上彰显着学校的治理能力。突发性的负面高校网络舆情通常会为学校带来较大的消极影响，使高校的正面形象大打折扣。

在网络环境中提升高校学生管理水平，首先要重视网络信息技术的应用与升级；其次要因势利导，在最短的时间内尽可能拿出最优疏导方案；最后要以学生为中心开展日常工作，增强学生对学校的信任与认同，打造全体师生共同参与的合作共赢局面，尽可能规避负面舆情事件，从而提升高校现代化治理水平。

（二）提升高校大学生网络舆情引导的策略

1.牢牢掌握全媒体时代意识形态领导权

提升高校引导网络舆情的工作本领，首先就要做到把握意识形态领导权，从发挥高校党委的领导核心作用、提升主流意识形态话语权、营造清朗的全媒体网络舆情环境出发构建意识形态工作新格局。

（1）发挥高校党委的领导核心作用

站在新起点持守高校的社会主义办学定位，在网络舆情引导工作中不仅要坚持党性原则，还要坚持发挥学校党委的领导核心作用。在学校党委的统筹指导下开展全媒体时代高校网络舆情引导工作，在网络舆情引导工作中进一步推动学校高水平发展。

加强高校党委对舆情引导工作的领导是全媒体时代高校大学生网络舆情引导工作顺利向好发展的根本保障。学校各级党委担负着整个学校的政治方向把握和领导责任，既要有在思想行动上与党中央保持高度一致的看齐精神，学会利用新兴媒体向广大学生群体宣讲党的政策主张增强其政治意识；又要坚持党性原则与人民性宗旨的有机结合以及辩证统一，以广大学生群体为中心，了解学生在学校的各种生活学习问题，及时发现学生与学校存在的矛盾问题，主动回应学生提出的现实诉求，引导学生的情绪，提升学生的幸福感与获得感从而避免较大舆情事件的发生。

（2）提升高校主流意识形态话语权

全媒体时代的信息传播打破了传统的媒体形态和格局，这为党的意识形态话语权建设带来了机遇和挑战。高校是开展意识形态工作的战略要地，所以提升高校主流意识形态话语权是高校思想工作的应有之义。

发挥社会主义核心价值观的积极作用：全媒体时代高校网络舆情的存在对大学生树立和践行社会主义核心价值观有着双重意义。社会主义核心价值观不仅仅是树立大学生价值取向和坚定理想信念的有力支撑，更是教会大学生判断是非曲直和培养良好道德感的主要依据。高校大学生是祖国的明天和民族的希望，是实现民族复兴、推动国家发展的重要支柱。网络信息技术的快速发展和广泛使用为发挥社会主义核心价值观在高校的积极作用带来了便捷之处，为高校网络舆情的显性与隐性引导提供现实条件。反过来，高校网络舆情引导又有利于培育高校大学生的社会主义核心价值观。

引导高校大学生将社会主义核心价值观向内吸收为自觉追求从而实现自我建构，并以知促行使之潜移默化地外化成行为习惯是规避大学生网络舆情风险的有效途径。高校要运用新媒体手段和课堂内外教育场所大力宣传正能量，充分发挥其积极作用强化学生的信念内核和行为取向。当大学生普遍建立了正确稳固的人生观、世界观、价值观，对本民族的文化产生高度认同，坚定文化自信，用马克思主义的方法论去看待并解决问题才不轻易被错误思潮和虚假信息蒙蔽，才不会在遇到突发性社会事件时发出非理性声音造成负面舆情。

（3）营造清朗的全媒体舆论环境

在牢牢把握全媒体时代意识形态领导权视域下开展大学生网络舆情引导工作，就必须在高校营造一个清朗的舆论环境和网络空间。

强化学生法治意识，依法治理网络空间。针对全媒体时代网络舆情引导过程中面临的新挑战以及出现的新问题，要依据国家相关法律法规及时更新和完善学校网络舆情引导的规章制度和管理方法，将党和国家的新要求、新指示细化并落实到位。

依法治理高校网络空间要做到深入推进国家法律与高校规定的有机结合，发挥高校网络舆情对高校教育教学工作的监督作用，丰富高校师生反映合理诉求、发表意见建议的渠道和途径，从而提高网络舆情引导工作的合理性和科学性。另一方面引导大学生树立法治意识，为网络舆情引导工作发挥作用排除一些障碍，消除一定内在阻力。通过课堂教学、讲座论坛、社团活动、网络推送等途径进行普法教育和宣传，提高大学生用法律标准和校规校纪约束自己网络行为的意识。高校要通过树立法治意识让在校大学生认识到互联网并非法外之地，要让大学生明白自己作为网络舆情的主体，在参与网络舆情事件时既有可以行使的权利也有必须履行的义务，比如在面对影响较大的负面舆情事件时，理智与客观的态度尤为重要，并不是所有"意见领袖"的观点都是绝对正确的，跟风盲目是不可取的。这就显得日常管理工作中的普法教育尤为重要，大学生只有明白为什么以及如何抵制网络暴力和人肉搜索等违法行为，在遇到网络暴力时如何维护自己的合法权益等问题，才会以法律法规为准绳和学校、社会共同努力维护积极健康的网络环境。

发挥主观能动性，提升校园主流媒体引导力。一方面，高校目前应对网络舆情事件最首要的就是要改变应对观念扭转被动局面，运用适应新时代网络舆情发展规律与特征的方式方法掌握舆情管理主导权。高校要及时满足学生的信息需求掌握主动权开展正向引导。另一方面，高校要高度明确校园媒体在舆情引导中的责任，尽可能提供优质内容。

打造清朗的高校舆论环境除了法律法规和校规校纪等硬性规定外，也要重视文化、心理等方面的潜移默化、深远持久的影响。校园媒体作为高校校园的"喉舌"是满足高校大学生精神和生活需求的主要媒介，要自觉履行社会责任，为培育新时代大学生提供良好的全息媒介环境。

高校校园媒体的内容建设要做到质量过硬，且符合大学生的认知习惯与水平。首先要坚持正确导向，增强正面引领作用。挖掘搜集校园内外符合社会主义核心价值观的正能量事件加以宣传，发挥报道校园榜样和正面形象的力量。其次要贴合大学生校园生活，提供富有时代气息并具备大学生吸引力，可以增强大学生用户黏性的优质内容。校园媒体不同于大众社会媒体，它的主要受众是在校大学生，所以内容导向除了马克思主义新闻观之外，还要进行议程设置选择大学生喜闻乐见且善于接收的信息进行传播。最后要做好大学生网络媒介素养的培育工作。所以要通过对高校官方媒体账号运营团队的培训以及审核机制的建立，去提升大学生网络媒介素养，强化校园媒体在全媒体环境中信息把关者的角色。

强化学生法治意识，依法治理网络空间与发挥舆情引导主观能动性，提升校园主流媒体引导力互为表里，相互支撑，共同为营造高校清朗的网络舆情环境发力，是提升全媒体时代网络舆情引导实效的有效举措。

2.优化高校网络舆情引导机制

优化高校网络舆情引导机制是提升全媒体时代高校大学生网络舆情引导工作实效的重点内容。本节尝试从引导主体、客体和载体的角度出发积极探索目前优化高校网络舆情引导机制的可行性措施，以期提升全媒体时代高校大学生网络舆情引导工作实效。

（1）多元主体协同联动

大学生的网络舆情引导需要多元主体参与，实现对舆情信息的及时公开与有效回应。仅凭学校单一主体并不能实现高校网络舆情引导的时、效、度，还需要政府、教育部门、媒体以及学生群体的共同发力，分别发挥精准施策、教育引导、规范管理的作用，形成多元主体协同联动的引导新格局。

第一，建立一支政治强、业务精、作风好的高校网络舆情引导队伍。首先要全面挖掘高校党委的主心骨作用，网络舆情处置领导小组的成员要在全校范围内遴选，由具有专业知识背景或相关学生工作经验的分管领导组成，在较大高校网络舆情事件发酵时发挥定向把舵、宏观把控、精准施策的作用。其次，要加强全媒体时代高校网络舆情引导专职队伍建设。目前部分高校的网络舆情引导人员一般由党委宣传部工作人员担任，监管部分舆情引导工作。所以组成一支专业的大学生网络舆情引导队伍，不仅需要吸收全校抗压能力较强、应急意识较强、危机管理能力优越、熟练掌握并应用网络信息技术的教职工专门进行网络舆情的监测、处置和引导等工作。最后，借助校外力量提高网络舆情引导水平。在发生内容多元的网络舆情事件时，难免会遇到知识盲区或需要法律援助的情况，这时就需要校外专家顾问的协助精准施策、科学回应。此外，主动与教育部门、公安部门以及相关主流媒体采取联系进行部门交流、协同联动，这也是引导高校网络舆情的必要举措。

第二，培养学生群体中的意见领袖，发挥朋辈力量协助舆情引导。由于新时代的大学生既有群体同质性又有个体独立性，所以高校仅凭借老师或大数据监控很难全面了解学生群体的真实想法。这就需要在学生群体中找寻政治立场坚定、具有良好政治素养和网络道德感的在校大学生，培养他们成为大学生自己的意见领袖，在不实信息和偏激言论传播蔓延时发表理性、正面的内容，发挥"舆情引导员"的正面引领作用。并在发现网络舆情爆发苗头时汇集相关信息主动向相关工作人员汇报，抓住网络舆情引导的最佳时机。

（2）推动构建官方平台

高校的官方媒介交流平台是全媒体时代大学生舆情引导工作的重要载体，通过搭建立体化、全方位的全媒体校园官方平台实现学校与学生之间的交流互动、上通下达，形成高校校园正向传播矩阵，从而发挥其对全媒体时代高校网络舆情引导的积极作用。

构建官方平台要充分利用新兴媒体信息技术，推动校园媒体融合纵深发展。首先，目前高校信息资源的优化配置以及传播平台的整体搭建并不能单单依靠某一个环节，而是要综观学校发展格局促进国家、社会与学校共同发力。其次，学校要依托于新兴媒体技术搭建内聚人心、外树形象的校园信息交流平台，实现学生与学校的直接互动交流。学生在校园生活学习过程中产生的利益诉求可以直接通过此平台进行意见反馈并得到及时解决，省去中间环节使学生维护自身权益的渠道更加通畅，从源头上避免民意倒逼、网络治校现象的产生。最后，充分利用省级以及国家级的高校媒体平台也有利于高校舆情引导工作的开展。目前省级的高校舆情监测处置研究基地以及国家级的舆情分析中心等平台的发展前景一片向好。高校可以组织负责网络舆情引导的教职工关注类似于人民网舆情数据中心的官媒，借助于国家平台了解业界动态，吸收有益经验，从而在处理本校舆情工作时更加得心应手。

高校应尽早适应网络信息技术的快速更迭，充分利用综合视频、短视频、网络音频和网络直播等新兴媒介对学校官方媒体账号及学校形象进行日常维护，提升在校大学生的获得感与安全感，利用高新科技提升舆情应对及引导的效率。

（3）提升学生媒介素养

媒介素养是人们对各种媒介信息的解读和批判能力以及使用媒介信息为个人生活、社会发展所用的能力。大学生作为高校网络舆情引导的客体，他们的媒介素养高低也直接影响着高校网络舆情引导的效果。但目前大学生的媒介素养参差不齐，所以就需要学校和学生个人共同努力改变现状。

从学校层面来说，要从课堂内外、网上网下同步发力培养学生的媒介素养。在课堂上通过普法教育、思想政治教育、信息安全教育等角度引导学生树立正确的网络观。首先在法律角度要让学生充分认识到互联网并非法外之地；其次是在道德角度要让学生明白网络并不是可以恣意妄为、宣泄不满的空间。通过思想政治教育确立大学生成熟的价值取向，提升他们甄别信息、理性分析、客观发言的能力；最后从安全角度强调网络安全的重要性，让学生对网络安全也是国家安全的不可或缺的一部分形成认知。不仅要在用网的过程中保护好自己的个人信息，也要避免网络诈骗等危害自己身心健康的危机，并时刻保持警惕避免被不法分子利用非主动参与到网络舆情中。

从学生个人角度来看，要从甄别信息、分析接收、表达观点等能力的提升中实现自我媒介素养的提高，强化自律意识抵制网络世界中的错误行为和不良思想。首先，要明白媒介素养的重要性以及如何去选择适合自己使用的网络媒介。全媒体时代各种媒介信息平台如雨后春笋，大学生要熟悉各种平台的侧重点及使用方法，掌握一定的媒介知识，选择适合自己认知水平和主动放大正能量的媒介。其次，在自己日常使用的媒介平台中注意对网络信息的搜索、甄别和评判能力。全媒体时代信息的传播打破了时空界限且速度极快，大学生作为信息的接收者和传播者，更要从自身做起对海量信息进行过滤筛选，在面对内容各异的舆情事件时理性分析，以客观、全面、发展的眼光看待问题。最后，要明晰自己在媒介使用过程中发表观点、传递信息所承担的责任以及如何运用新兴媒介助力个人成长成才。

在认识、掌握各种媒介的基础上积极利用媒介提升自己的综合能力，在知晓事情全貌的基础上用有说服力且得体的语言进行观点表达，提升自己使用新兴媒介进行传播信息、创作发声的思辨能力。

（4）完善高校网络舆情引导机制

第一，高校网络舆情研判。高校网络舆情研判工作从实践方面来说可以通过构建信息网络和培养研判队伍相结合，来实现对全媒体时代高校大学生网络舆情的分析研判，为进一步提出引导措施奠定基础。这一环节在整个高校网络舆情引导机制中占据着重要地位，直接影响着舆情引导的结果与成效。

第二，高校网络舆情引导。做好网络舆情的处置工作是构建整个高校网络舆情引导机制的关键环节。

第三，高校网络舆情善后。高校网络舆情引导的善后工作是高校网络舆情引导完整机制的最后一环。首先要进行案例总结。每一次处置高校网络舆情事件的过程都是积累经验、提升舆情应对能力的必经之路。在网络舆情所带来的巨大影响基本消散后，高校舆情引导工作队伍要及时根据此次舆情事件的发生和传播规律、处置方法的合理性以及暴露出来的问题进行归纳总结和反思，从而不断修补漏洞，更新和细化引导机制。其次，在每次突发性网络舆情事件发生后要及时进行总结分析，对本次处置工作进行全方位总结、深层次分析，吸取经验教训，从而提升高校网络舆情引导队伍应对突发性网络舆情事件的能力。最后，要形成详细的网络舆情引导报告，建立工作档案为今后工作提供经验与参考。着眼于未来，避免此类相同网络舆情事件为学校带来的负面影响。

（5）构建网络思想政治教育阵地

第一，优化创新网络思想政治教育内容。网络思想政治教育是指以认清网络本质和影响为前提，利用网络促使网民形成符合一定社会发展所需要的思想政治品德和信息素养的虚拟实践活动。而将此概念放置于全媒体时代的高校环境之中，传统的思想政治教育工作模式和一成不变的教育内容不再适应日新月异的教育主客体需求，也难以应付复杂多变的网络环境所带来的挑战。所以，大学生的思想道德问题和信息素养培养更加需要通过网络这一时代工具加以解决，从而使得网络思想政治教育工作成效有所优化。

首先要守好高校网络思想政治教育的阵地意识。高质量的网络思想政治教育内容首先要以主旋律为底色，坚持运用马克思主义立场观点方法开展工作，将爱国主义教育、党史学习教育等内容贯穿于网络思想政治教育全过程。并将网络道德教育、网络心理健康以及媒介素养的培育等内容融合进网络思想政治教育的全布局。其次，要以学生为中心完善高校网络思想政治教育范畴。针对大学生的个体差异性以及他们在网络世界遇到的不同问题，如沉溺网络、遭遇网暴等特殊情况进行不同的网络思想政治教育，及时满足大学生的主观需求。此外，高校思政课教师可以将网络热点事件以及大学生高度关注的舆情事件融入大学生思想政治理论课，使网络热点、新兴观点能为思想政治理论课所用，以实际案例引导高校大学生明辨是非，理性用网，从而不断丰富大学生思想政治理论线上线下的教育内容。

第二，搭建立体化思想政治教育传播格局。课堂是高校进行思想政治教育的主阵地和主场所，但随着网络技术的发展仅凭每周数小时的线下教学并不能满足目前思想政治教育促进学生成长成才的需求。

保持好思想政治教育课堂的传统优势，应对全媒体时代全程媒体和全员媒体的发展为大学生思想政治教育带来的新挑战。打造专业性强且符合学生兴趣喜好和认知水平的思政课程，是搭建立体化思政传播格局的基底。在课堂教学中，改变传统的"灌输"教育观念，转变为以学生为中心的教育观念，选择学生关注的焦点事件与案例，提供有温度、有能量的正向观念，以影音视频等学生乐于使用的媒介为载体，用学生常用的网络话语体系打造氛围轻松且专业伦理并重的课堂。

充分利用全效媒体和全息媒体的发展，搭建适应新趋势的全媒体思想政治教育平台。一是增设网络思想政治教育课程，推出植根于高校实际的精品网课和思政大课，利用全媒体技术赋能高校网络思想政治教育课程。二是推进网络课程思政，让网课活起来。后疫情时代，网上授课的方式已然增加了高校大学生与网络的黏性，生活娱乐社交学习全部线上化，这就更需要高校尽快推进网络思政融入教育教学的各个环节和各个方面，扎根于本校实际特色建设示范性网络思政课程，立体化、多层次地实现全面育人。

强化提升网络在课堂外思想政治教育中的整体合力。学校可以通过网络开展"先锋青年""主题团日"等活动，充分利用网络微课以及"青年大学习"网上主题团课的实际作用，并制作推送学生身边的经典大事件、模范先锋人物等内容，妥善处置重大突发网络舆情，将显性教育和隐性教育有机结合，从而实现思想政治教育格局的升级与转型。

第三，强化思政工作队伍网络舆情引领能力。高校教育者也是全媒体时代高校网络舆情引导队伍中的重要组成部分，思想政治教育队伍担任着高校网络舆情引导的把关人角色，与学校引导机制互为表里、相互补充。立德树人、培养人才是高校发展的使命，所以立足人这一主体是高校思想政治教育工作的第一要素。一方面是从思想政治教育的实践主体出发，提高教师专业素养和教学本领，在教育教学过程中及时完善和调整教育内容、更新和改进教学方法。

另一方面，以接受思想政治教育的主体也就是青年大学生为出发点，善于使用贴近大学生生活的话语表达，积极利用全媒体时代的媒介形式迎合大学生获取信息的方式，主动采用社交视听平台进行隐性思想政治教育，发挥网络主流意识形态的能量对网络舆情引导起到潜移默化的支撑作用。

此外，日常管理学生事务的辅导员、班主任以及心理咨询师等教职人员，也是高校思想政治教育工作队伍的不可缺少的组成要素，与思政课教师共同助力于构建新时代育人格局。他们也要在日常工作中及时把握学生的思想动态以及多种新兴社会思潮的特点和发展趋势，掌握全媒体时代信息传播阶段和舆情发展规律，强化网络舆情引导能力。

三、完善"微监管"，构建传播机制

（1）严格落实信息审查制度

媒体信息源头的日益增多，给"微监管"带来巨大的压力和挑战，相关部门应积极落实实名登记制度和信息审查制度，促使微媒体平台承担监管责任，依法对平台发布的信息进行审查，一旦发现背离社会主义核心价值观要求的信息，应第一时间予以删除，并对相关发布主体进行警示，或者视情况封停账号。如果监管平台疏于审查，导致不实信息大量传播，微媒体平台应承担连带责任。

（2）充分发挥人民群众的监督力量

通过完善奖励机制，激发人民群众的监督热情，鼓励人民群众对违法信息进行举报，一旦核实则给予相应奖助。借助人民群众广泛的监督，"微监管"的力度将不断提升。

第四章　微时代高校社会主义核心价值观培育的理论应用与平台建设

依据高校社会主义核心价值观培育的理论搭建平台，推动微时代高校社会主义核心价值观培育进一步发展。本章对微时代加强高校社会主义核心价值观培育的意义、微时代高校社会主义核心价值观培育的创新观念、微时代高校社会主义核心价值观培育的理论应用、微时代高校社会主义核心价值观培育的平台建设进行论述。

第一节　微时代加强高校社会主义核心价值观培育的意义

微时代的来临，信息广泛传播、观点充分碰撞，使得大学生的价值观表现出了崭新的特征。价值取向日趋多元化；价值主体意识不断凸显；自我意识日益明显；对物质和精神的追求更加强烈；责任感不断增强；具有明显的创新精神和进取精神；不可避免地表现出成长过程中的价值困惑。这些特点导致一些大学生的价值观出现一些偏差，表现为是非不分、荣辱不明、善恶不清。

加强高校社会主义核心价值观培育是教育、引导大学生理性面对微时代、确立崇高的价值目标的要求；是新时代心系国家、关注社会、提升个人修养的要求；也是保障大学生不忘初心、立志成才的需要；更是赢得广大学生一代、带领大学生实现新时代中华民族伟大复兴的重要保证。

微空间为大学生提供了表现自我的文化大舞台，"老歌新唱""经典翻拍"等成为大学生喜爱的文化形式，看似新颖的"创作"实质上存在着对传统文化的消解。传统与现代在互动中的差异使传统文化在大学生群体中遭遇着被摒弃的威胁。在这种形势下，加强大学生的社会主义核心价值观培育有利于帮助大学生正视微文化与传统文化的关系，同时能够促使大学生借助微时代的传播特征探索利用微空间传播的新模式，并在此基础上加强潮流文化与主流文化、传统文化与微文化的互动与交融，帮助大学生认知、认同并自觉传承中华优秀传统文化。

第二节　微时代高校社会主义核心价值观培育的创新观念

一、传统教育与微平台教育模式兼容

高校要充分借助传统的思想教育平台，优化课堂模式，对学生进行思想道德、公民意识和职业道德等培养，在微时代积极构建"课堂+网络"的社会主义核心价值观培养模式。

将传统教育形式和平台教育模式相互结合起来，构建大学生社会主义核心价值观培养平台。要充分借助学校思想政治教育课的平台，优化课堂模式，对学生进行思想道德、公民意识和职业道德等培养，积极构建"课堂+网络+实践活动"的社会主义核心价值观培养模式，可以结合思想政治教育情况，开发学生管理信息系统，设计"掌上学习"APP，学生可以随时下载，根据其中的学习内容进行学习。将大学中目前现有的平台进行整合，提高高校思想政治教育的广度和深度，赋予社会主义核心价值观的时代内涵。

在进行社会主义核心价值观教育中注重传统文化内涵注入，增强吸引力。为了弘扬优秀传统文化，用古文经典引领大学生社会主义核心价值观培育。

转变观念，贴近学生实际开展社会主义核心价值观的教育。注重采用学生喜闻乐见的"网言网语"开展具有时代特点的教育引导，在内容选择和方式选择上，要契合学生内心、贴近学习生活、传递成长力量，将思想政治教育开展得有温度有热度，要充分利用手机客户端的交互技术，在学生学习需求和生活服务提供上实现学生海量信息的便捷查询和迅速办理，切实做到教育与服务相结合，理性的理论说教和感性的形象展示相结合。用微时代的信息传播手段做社会主义核心价值观的践行者和传播者。

二、注重与时俱进、不断创新

做好高校党建和大学生社会主义核心价值观培育工作，与大学生健康成长密切相关，直接关系到为中国特色社会主义事业提供可持续的人才"第一资源"、创新驱动"第一动力"和干部这一"决定性因素"，必须注重与时俱进、不断创新。

（一）微时代社会主义核心价值观培育要融入社会生活

一种价值观要想真正发挥作用，必须融入社会生活，让人们在实践中感知它、领悟它，在落细、落小、落实上下功夫，实现大学生核心价值观教育的"接地气"。

高校应开展以践行社会主义核心价值观为主题的社会调查、志愿服务、公益活动等社会实践活动，实现线上线下、课内课外互动，让学生在生动的学习体验中感知国家、社会、团队等抽象的概念，在身边人、身边事的具体感召中体会什么是爱国精神、什么是友善态度、什么是奉献精神、什么是责任观念，让这些价值准则、思想道德品质通过生动的案例教育和形象的方式启迪大学生的行为习惯，要发挥大学生身边榜样的带动作用，使他们学有榜样，要建立相应的激励机制，把核心价值观践行情况作为学生入党的考核项目，并且在评奖评优中要占据一定的考核比例，也和学生的就业推荐挂钩，以此督促学生主动学习社会主义核心价值观，成长成为对社会有用的人。

（二）微时代社会主义核心价值观培育要网络化

充分利用网络进行社会主义核心价值观培育更能实现教育的深度优化。高校要充分借助"互联网+教育"理念，创新社会主义核心价值观的模式、方法与手段。比如通过"微课堂"的形式，以课程小组为中心进行互动学习，以手机学习应用模式，将课堂搬到手机中，制作思想政治教育相关课程的"微视频"，进行视频教学，在线作业等，满足学生随时随地学习的需求。而且，从更深层面来说，当今时代，网络是价值观培育的主要阵地。

微时代的特点是以网络化为依托，要加强理论武装，加强互联网内容建设。各高校在对学生日常管理中都很重视互联网平台的应用，通过建立公众号、主题教育网站、校刊专栏APP等，以大学生喜欢的方式推送有关思想政治教育的信息。例如高校利用校园网络设置"大家微言"栏目，以文字、语音特有的形式向大学生宣传主流意识形态，坚持每天推送古今中外经典的名人名言或小故事，通过对其解读，使大学生从理想、志向、劳动、事业、诚信、爱国等方面感悟，树立正确的人生观。

第三节　微时代高校社会主义核心价值观教育课程

当代中国青年是与新时代同向同行、共同前进的一代，生逢盛世，肩负重任。要引导广大青年成为"志存高远、德才并重、情理兼修、勇于开拓"的人，就要从教育着手，教导他们爱国爱民，从学习中激发信仰、获得启发、汲取力量，在坚持自身原则的基础上不断开拓创新。

一、高校社会主义核心价值观教育的原则

在科技高速发展的今天，知识产业迅速发展，不同文化的相融与碰撞频繁，在这种背景下，社会思潮破壳而出，与当代大学生的价值观互相影响，思想政治教育培养大学生核心价值观的可行性和所能达到的理想性，复杂而又不确定，只有遵循一定的原则，才能保证教育的方向性和有效性。

（一）坚持科学性与以人为本兼顾

做中国特色的现代思想政治教育，促进学生的全面教育和发展是当今社会对学生的基本要求，思政教育作为全面教育的组成部分之一对促进学生个人的发展有着举足轻重的作用。思政教育的内涵广泛，不仅包括综合性的教育活动，还包括在学校进行的思想政治教育内容，而且还涉及哲学、法学、经济学等相关的概念，更重要的是还能影响人的心理素质教育。

人的本质的具体性、历史性，不但表示它的客观性，同时还能够把人的变化性、历史性特征表现出来。由此可见，人是不断发展变化的，如果把人的本质设想为某种固定不变的气质或某种抽象的观念都是不正确的、不科学的。既然社会关系是变动的，那么作为社会关系的总和的人的本质也就不是抽象的、固定不变的，这就需要始终认识到自己命运的主宰者和规定者是教育客体，在客体与主体的相互交往中实现自身价值，坚持按照以人为本的原则引领道德素质教育的发

展，让教育客体形成普遍的主体。

（二）坚持理论性与实践性相统一

理论与实践的结合与统一贯穿大学生思想政治教育的整个过程，任何成长与学习的过程要有足够的实践。就思想教育而言，实践是整个思想品德的重要根源，是思想品德教育的加动力。在思想教育的过程中理论也是不可或缺的要素之一，理论与实践的结合与统一要体现在教育活动中，做到合情合理，不拘泥于传统式施教，或寓教于乐。在对学生传授和讲解理论知识的过程中，还需要引导学生动态地掌握科学研究的发展方向，让学生学会将理论知识与科学研究相结合，在加强自身文化素养的同时还能够提高自身的思想道德修养和科学文化素养，提高自己的创造能力和创新水平，能够灵活生动地解决生活中遇到的问题，让学生在理论和实践的双重作用下受到思想文化的熏陶，或寓教于活动，理论与实践两要素之外还要考虑活动的深度与真实性。

二、高校社会主义核心价值观教育的方法

（一）大学生教育方法的重要作用

1.是组成大学生思想政治教育要素的重要部分

现在的高校大学生与之前有很大的区别，现在的大学生思维活跃，思维观念随着社会发展日益更新，能够接受新的教育理念，形成正确的价值观。

教育者在施教过程中要按照党和国家提出的具体施教内容，结合大学生素质结构使用特定的方式和方法，培养符合当代社会的有正确的价值观的大学生。

由此可知，大学生思想政治教育包含了以下要素，即教育者和教育对象、培育内容和要求、教育方法、一定的社会环境和条件、教育对象即主体要素，要求即内容要素、教育方法即方法要素，条件即环境要素。

2.是实现大学生思想政治教育目标的必要条件

大学生思想政治教育有三个阶段。

①大学生思想教育的内容要遵守党和国家的明确要求。在当代各种信息的

冲击下，现代大学生会有选择地接受各种理论，将其转化为内在的个性的思想理念，即内化的阶段。

②在多元文化的背景下，教师必须不断加强大学生的理想信念教育，使其转化为行动，培养学生良好的习惯，即外化的阶段。

③针对大学生在内化与外化阶段产生的社会效应，教师要做好观察并进行详细分析与评价，通过数据反馈，及时对施教方案及内容做出适当调整，找出对大学生个体观念和个别行为培养的有利方案，使其符合当代社会的要求。

（二）大学生教育的方法创新

1.推动教育精细化开展

（1）专业化细分

思政教育的专业化细分是指对思政教育的工作目标、工作内容、工作对象、工作载体、工作方法等的分门别类，根据不同情况，采取有针对性的举措，从而使思政教育对目标、内容、对象、载体和方法等有更深入的了解，能更熟练、更专业、更有针对性地开展工作。高校思政教育目标宏观上是"培养社会主义建设者和接班人"，中观上是培养具有高校特色的"高素质人才"，而在微观上，就辅导员工作来说，则需要一项一项工作的推进，将宏观和中观目标进行分解。

第一，工作领域的细分。当前，随着高校规模的不断扩大，思政教育的内涵也日益丰富，使高校思政教育者的工作量不断增加、工作难度也相应增加。思政教育内容，从横向上看，涵盖了学生党建、奖惩助贷、心理健康、就业指导、团学建设、科技创新、志愿服务、社会实践等多个板块；从纵向上看，分为精神空间、网络空间和网下空间。精神空间中，辅导员要关注学生的思想状态和心理状态，促进学生树立社会主义核心价值观念、养成健全人格；促进学生拥有健康心理，对于有心理隐患和心理问题的学生及时提供帮助。对于网络空间，辅导员要做好学生上网习惯引导，学会正确使用网络，养成网络文明；关注学生"网络生存"状态，了解网络舆情，做好网络监管等。而在网下空间，则指我们平时所说的各类思政教育活动、科技创新教育活动、校园文化活动等。无论哪一个维度的思政教育工作，都应当按照板块进一步专业化细分。要引导和激励辅导员队伍专业化发展，鼓励辅导员结合自己的专业学科背景和兴趣爱好，结合工作分工和岗位职责要求，在学生工作某一个板块里"术业专攻"。

第二，工作对象的细分。在服务学生全面成长的过程中，也要针对不同学生群体、学生的不同需求和不同发展阶段对服务对象进行细分，分类指导，因材施教。根据高校现阶段教育内容的差异性和特殊性，可以把高校内部的学生群体分为以下几个部分：本科生、研究生、进校新生和毕业生、高年级学生以及低年级学生群体等。在这些群体中又可以根据学校内部的规定和要求分为学习困难群体、心理弱势群体、经济困难群体等。不同社会经济背景、不同成长环境和成长经历的学生在思想、心理、行为等方面也会有不同的需求和特点，从而使学生呈现出不同的特质，包括志趣、爱好、心理状态、个性特征、气质等。通过比较和分析，探讨服务对象在行为和观念方面的特征及现状，分析其产生的原因，将有助于深入细致、富有成效地开展工作，这也是进一步提高思政教育针对性和有效性的立足点。这里所讲的"特殊"学生，并非对学生的另眼相看，不带有任何价值判断和意识形态，而只是对工作对象基于工作内容和要求不同而采取的一种归类方法。所以，在实践工作中，要注意保密，保护学生的个人隐私，思政教育工作也要避免公开使用"特殊学生"这样的字眼，否则就可能引起其他人对这部分学生的歧视和偏见。

针对不同年级、不同学生群体、不同特质个体，在具体工作中的目标是不一样的。比如对于学习比较好的学生，可以进一步拓展其知识面：对于学业困难的学生，辅导员的工作重点则是帮助其树立信心、找到适合他的学习方法，帮助其顺利完成学业，这个时候"追求全面发展"可能成为退而求其次的目标。对于不同年级的学生，思政教育的重点也要有所区别：对大一的新生，要重点抓好适应性教育、热爱专业、校史教育等；对大二的学生，侧重抓好理想信念教育、道德教育和职业生涯规划教育等；对大三的学生，要注意抓好个人选择定位、情感恋爱方面的心理健康教育等；对于大四的学生，以职业道德教育为主。这就要求辅导员在日常工作中要善于抓住重点、找准问题关键、区分事情轻重缓急，不断因时、因地制宜地开展工作，从而使目标定位更加合理、工作计划更加贴近实际。

在工作领域细分的基础上，要进一步结合工作对象的细分，坚持"做精、做细、做实"。如学生职业发展与教育，不仅可以对不同年级的学生进行细分，开展阶段性职业教育，还可以对不同就业取向、不同就业能力、不同就业困难等进行细分队形，进而开展有针对性的辅导。

（2）问题导向

在专业化细分的基础上要坚持问题导向，鼓励针对相关领域的实际问题加大调研分析力度，加强理论研讨与实践，并提出合理有效的解决办法。将学生纷繁复杂的问题进行合理的分类，探究原因，总是需要根据一定的规律，从而形成一种基本的解决方法，并在此基础上利用思想理论指导日常实践。

第一，以学生需求为核心。"以问题为导向"强调的是一种"以学生需求为核心"的理念，实际上是对"以人为本"思想的实践。思政教育工作者要善于发现学生的"问题"，这个"问题"往往就是学生由于某方面因素而导致的外在的表象，是学生的某些"需求"没能很好地满足。思想政治教育工作者可以根据马斯洛的"需求层次理论"，对学生的需求满足状况进行分析，查找原因，找出学生存在问题的根源，只有这样，才可能将工作做细；只有这样，才能找准学生问题的症结所在；只有这样，才能真正提高思政教育的针对性和有效性。而这样的工作思路和路径，正是促使思政教育符合教育本身规律、实现科学化提升的基础条件。

第二，整理共性特征。坚持问题导向是以学生问题为指引，分析其产生的原因，并提出合理有效的解决办法。大学生个体多元化的特征，决定了大学生存在问题的多样性和复杂性，但大学生作为一个群体，意味着这些问题必然具有共性特征，可以进行分类和整理。在工作对象细分的基础上，挖掘学生群体里的共性问题，如新生归属感的问题、毕业生就业困难群体的问题、农村学生问题、贫困学生问题、少数民族学生问题等；在工作领域细分的基础上，挖掘细分领域里的共性问题，如社会实践育人的有效途径、突发事件的正确处理、赴外交流学生的管理等；还可以根据问题发生的时间特点划分为常规性问题和突发性问题等。通过对典型案例的剖析，从实际出发，以社会生活焦点、思想观念疑点、大众舆论重点作为切入点，以问题为导向，在事务性的具体工作实践中探寻规律性，将发现问题、研究问题、解决问题作为思政教育的逻辑起点及落脚点。

第三，固化工作机制。高校思政教育者要注重理论和实践相结合，不仅用理论指导实践，还应该从实践中总结提炼理论。在对问题进行分类整理后，要对问题进行深入研究。认真仔细分析问题产生的原因、问题涉及的对象特征等，有针对性地提出解决问题的方法。但解决具体问题并不是最终目的，而是应该总结掌握同类问题的规律性，科学地归纳出解决这类问题的基本方法，并进一步提升建立相应的工作机制。精细化意味着科学化、程序化、规范化，固化工作机制，让辅导员从一次次"救火员"的零散工作中解脱，通过完备的规章制度的导航和规范，用规章制度确保规范化和法制化的实现。

第四，进行深度辅导。"深度辅导"是心理学上的用词，在思政教育中也可以借鉴心理学深度辅导的做法，以问题为导向的精细化理念，建立思政教育深度开展的工作模式。当前，一些高校探索出"辅导员工作室""学生工作坊"等工作模式，提倡从"单枪匹马"到"团队合作"的转变，旨在强化问题导向，以"兵团作战"的方式对工作对象提供全方位的辅导和支撑，把教育引导工作做细、做深、做到极致，从而可以更加准确地把握思政教育中面临的课题的症结，理清脉络、对症下药，追求优质化成果，并在实践经验的基础上不断推进理论研讨，逐渐形成一套较为完善的操作规程和辅导理论，不断提升专业理论水平与实践能力，培养相关领域的专家。

（3）多学科协同育人

多学科协同育人是指各学科之间的各组成部分进行合作，通过协同合作形成协同效应，这样可以充分发挥育人作用，"有利于思想政治教育工作者在对大学生精准画像的基础上利用多学科知识对大学生进行精准施策和精准引领，切实提高大学生思想政治教育实效。"随着时代的发展，学生的需求越来越多样、丰富和个性化，学生工作的内容越来越丰富，涉及的领域越来越广，思想政治工作日益发展成为多维度、多类型、多层次的有机整体，在解决具体问题时需践行协同育人，要加强多学科支持、多领域知识运用、多资源整合，注重新方法、新技术的运用，将多学科知识、方法、平台、资源予以整合优化。

第一，多学科工作支持。

首先，学生思政教育应该遵循科学性，结合教育学、心理学、社会学、管理学等相关学科的科学规律，来分析了解学生成长的规律、学生教育的规律以及思想政治工作的规律。所以，辅导员开展工作必须依赖于相关知识的积累，辅导员必须获得思政教育相关专业科学的专门知识，知识越多，专业性越强；同时，辅导员还必须具备"百科知识"，知识越广博权威性越高，越能获得学生的认同。高校辅导员职业是一个知识密集型行业，从事学生思政教育、管理和服务的辅导员，必须具备相关学科相应的知识。

其次，随着时代的变迁和学生群体特征的变化，学生思想政治工作的复杂性和综合性不断增加。而对一个复杂问题，单纯依靠思政教育本身往往无法解决，要善于吸收和借鉴管理学、社会学、法学等领域的研究和工作方法，甚至需要社会上专业力量的介入，共同研究解决方案。

第二，跨学科组织应用。如果说"多学科支持"强调辅导员"一专多能"的话，那么"跨学科应用"就是强调"团队作战"。借鉴管理学上的"项目管理"理论，在思政教育工作中，也可以以任务、项目为导向，组织工作团队，比如近年来很多地方教育主管部门和高校正在努力探索实施的"辅导员工作室""辅导员小组""辅导员梯队"等，就是将不同学科背景、不同工作领域、不同工作经历、不同年龄段的辅导员组合在一起，实现优势互补，从而形成一个跨学科的工作团队。比如在学生危机事件中，既需要心理辅导员，也需要危机公关专业人士，可能还需要法律顾问、网络监管人员等，如果能将具备这些专业能力的辅导员聚集到一起，这样的团队必将极大提升工作执行力。

第三，多资源整合管理。育人工作是一项系统工程，大学人才培养仅依靠单方力量无法实现，更需要高校各方面的共同努力，以及家庭、社会各方资源。当前很多高校都在积极采取措施，努力推动"全员育人"机制的构建，构筑起包括高校党政管理干部、共青团干部、思想政治理论课教师、辅导员、班主任、专业课教师、朋辈等主体共同参与的全员育人格局。每个主体在学生的思政教育方面都有自身独特的优势，如第一课堂的专业课教师可以将德育教育的目的和主题隐含于专业教学中，由说教转变为渗透，实现润物无声。高校应围绕人才培养的核心，充分利用各主体的优势，整合各部门的资源。除了校内资源，校外资源包括家庭、企业、毕业的校友以及社会知名人士、学者等都应该统筹到全员育人的框架里，让各方力量成为思政教育的主体，发挥其主观能动性，为学生搭建起和谐的育人环境、校园环境、家庭环境、社区环境、同辈环境等，发挥这些环境的积极作用，为教育工作所用。

第四，新技术手段支撑。思政教育的精细化，必须强调科学技术和教育手段的支撑。在技术上，要善于利用新技术和信息手段，使思政教育者能够更加全面、深入地把握具体情况，了解学生思想动态，提高思政教育的科学性、针对性和时效性。重视信息手段和科学方法的运用，可以为大学生思政教育提供新的思路和手段。顺应信息化趋势，依托信息科技和新技术，移动终端、电脑以及新媒体等，主动占领新媒体阵地，发挥新技术对思政教育的促进作用。如一些高校逐步开发新型移动智能终端平台，整合校园各活动组织方发布信息、管理活动，便于学生获取信息、管理生活和学习。慕课也是目前流行的网络课程，思政教育也可以结合慕课或者"微课"的形式，开展灵活新颖的授课或活动。在信息化和大数据时代，收集整理日常数据，利用专业工具进行数据分析，获得数据背后的信息。利用好大数据分析的方法，能够从大量烦琐的日常工作中，获取更多的信息，进而促进工作的科学性。

2.推动教育个性化开展

个性化，就是根据人们个体差异，在大众化的基础上根据个体特质的需要，形成独具一格、别开生面的状态。思政教育的个性化，指在对被教育对象进行综合调查、研究、分析、测试、考核和诊断的基础上，根据社会或未来发展趋势，根据被教育对象的性格、兴趣、爱好、现状、预期等潜质特征和自我期望，量身定制教育目标、教育计划和辅导方案，从而促进思政教育为被教育对象更好接受、认同和转化为行动。

当代大学生思维活跃，他们行为的独立性、选择性、多变性、差异性也明显增强，以网络语言为例，现在"原创""转载"等张扬个性、表现风格的词一直比较流行。我们要充分认识到这种变化，尊重他们的多样性。由于受到家庭氛围和社会因素等的影响，每个学生的成长轨迹都不尽相同，性格特征、兴趣爱好、行为习惯、价值取向和人生规划等也千差万别。他们都有自己的想法，也有表达自身想法、张扬自身个性的权利。在思政教育中，个性化强调具体问题具体分析，而不应该按照一个模式、一种方法来开展工作：强调了解当前学生自身发展的新期待、新需求，承认学生的个体差异，尊重学生的个体需求，发掘学生的个性潜能，注重学生的个性弘扬，开展分类指导，提高思政教育的实效。

（1）尊重主体精神

教育包括思政教育，归根到底是一种人的参与的活动，参与其中的人就是主体。强调思政教育的个性化发展，首先，要强调和凸现参与其中的主体的主体性，也叫主体精神。在中国语境中，主体性、主体精神、主体地位、主体价值这些词往往是同义或者近似的，都强调对于主体的尊重，强调发挥主体的能动作用。人可以有意识、有目的地支配自然和驾驭万物来满足人类社会物质的、精神和发展的需求，所以说人是主体。因为人能从事身体力行与脑力劳动等各种社会活动，所以人能支配客体。主体是实践活动中的范畴，是实践活动的直接参与者，是实践活动中的人。在思政教育活动中，最主要的主体有学校、教师、学生、家长、社会等，而其中发生相互作用最多的无疑是老师和学生这两个主体，在高校日常思政教育活动中，"老师"群体中最直接也最主要的是辅导员，所以，强调高校思政教育活动的主体性，就是强调要发挥大学生和辅导员的主体性。

高校思政教育中，强调主体精神，就是强调辅导员和大学生都要积极发挥主观能动性，意识到自我的主体参与，积极创造条件完成思政教育这一实践活动。需要指出的是，传统的强调"主体精神"往往单指尊重学生的主体精神，而不说教师即辅导员的主体精神，似乎辅导员天生就是主体，自然而然就会发挥主体作用，其实不然。在当前高校思政教育日趋繁重、日益多样化和专业化、精细化的情况下，不仅要强调大学生的主体精神，也要强调辅导员的主体精神。

第一，尊重和发挥大学生的主体精神。尊重和发挥大学生的主体精神就是要调动起大学生作为思政教育活动主体或者说主人翁的意识，不仅作为受教育者，而且作为教育实施者。不是被动接受教育、完成任务，而是主动策划任务、实施任务、保障任务完成；不是单纯地、简单地参与教育过程，而是积极、能动、创造性地参与教育过程，促进教育过程的顺利开展、有效开展和有特色开展。为此，要注重发挥大学生的主人翁性、积极性和创造性。

主人翁性。人们主体意识的每一次觉醒和进化都反过来推动社会的发展，促进人类的进步。教育机制发挥作用需要以个体教育中的主体性特征为基础，在对个体进行教育的过程中要遵循个体身心发展的规律，采用相应的方法促进个体的持续性发展。思政教育要入脑入心，本身就不仅是一种知识和信息的交流，而更重要的是情感和思想意识的交流，所以，思政教育中调动大学生的主体意识，调动起主人翁精神，就是要将大学生调动起来，以平等的姿态，将教育者和被教育者，将信息发出者与接受者置于同一平台，进行信息交换和情感交流，以此实现辅导员对学生的影响，同时实现学生之间的相互影响。在思政教育中，强调大学生的主人翁精神，一是要进一步唤起大学生的主体意识，发挥"朋辈教育"功能，通过形式多样的载体，将大学生群体中那些"正能量"传播出去，更好地影响周边的大学生；二是要引导大学生以主动配合、合作、共享的姿态，接受学校和老师的教育，而不是消极接受甚至抵触。

　　教育学上的"朋辈教育"指的是教育者或受教育者在同一环境或教育背景下有共同语言，彼此之间能够分享交流自己已有的信息、行为观念，从而实现教育的目标。而在高校思政教育工作实践中，朋辈教育指由大学生自己来充当施教者，用自己的言语、故事、事迹、行动来传播"正能量"，发挥示范作用，带动身边的其他学生一起进步。

　　教育活动是一个合作互动的过程，如果受教育者消极抵抗，那么教育效果将大大受到影响，甚至教育活动本身也不能顺利进行。在价值观越来越多元化的今天，思想政治教育工作效果受到多种因素的影响，往往有被消解的风险。所以，调动学生的主人翁精神，让大学生以"主人"的心态来看待思政教育工作，以一种"我的事情我做主""我也是老师""我要分享我的成功"等类似的态度来参与教育的过程，这样才能达到事半功倍和"入脑入心"的效果。

　　积极性。基于青年学生的心理特征和代际差异，在实践中，部分大学生对于思政教育工作往往存在消极应付心理。因此，调动大学生参与思政教育工作的积极性，目的就是要改变这些大学生对于思政教育活动的抵触情绪和厌倦心态。这一方面需要不断提高思政教育活动本身的吸引力；同时，还要通过其他手段调动这些学生的积极性，重点从以下三个方面入手。

　　一是重要性引导，即要进一步凸现思政教育活动的重要意义。这种重要性不仅指基于教育工作本身的价值，更要强调其对于青年学生的实用性，即要凸现这些教育活动对于大学生本身是需要的、是有现实意义的，这就需要在教育活动实施过程中，要更多地寻求教育素材与大学生成长成才需求和大学生心理特点、大学生群体兴趣点等的契合度。

　　二是丰富和创新工作载体，即要通过适当的载体来激发学生的积极性，来维护这种积极性。比如，学生社团这种组织形式，就是一种载体，通过让学生自由组合和"三自教育"的方式，可以比较长时间地激发和维持学生的积极性。再比如，适当的奖励和表彰也是一种增强积极性的手段，诸如此类，要灵活应用。

　　三是成就感维持。人们主体性的重要体现就是人们在实践过程中能获得存在感、成就感、幸福感，体验到作为主体存在的价值。所以，要在时间上维持大学生对于思政教育活动的积极性，应当使大学生在参与思政教育活动的过程中能找到其价值，能获得成就感和存在感。所以，一些共享、分享、诉说、展览、展示型活动，就是体现成就感的有效形式，类似的活动可以多开展一些。

创造性。教育活动中大学生主体意识的另一个重要表现是创造性，即大学生不仅参与教育的过程，而且还有创新，对于教育活动有所贡献。这不仅实现了对学生积极性的激发，同时还使教育活动本身具有了创新性和特色性。比如，在信息化、网络化时代的今天，许多传统的思政教育活动通过网络和新媒体平台进行开展。辅导员不可能掌握全部信息化手段，而调动学生参与制作新媒体、网络育人平台等，就不仅使大学生本身受到了教育、体现了价值、获得了锻炼，而且使思想政治工作也实现了创新。此外，在教育活动选题、策划、实施过程的组织、管理、宣传、总结、表现形式等方面，也可以积极发挥学生的创造能力，从而促进思政教育工作主题鲜明、形式新颖、生动活泼，受到欢迎、起到实效。

第二，尊重和发挥辅导员的主体精神。辅导员是高校大学生思政教育工作的主要实施者，其工作内容繁杂，工作对象价值观多元、性格多样，工作成效评价方式很难量化和具象化，这样的工作性质决定了辅导员工作是一个主观性、社会性、属人性很强的工作。因此，辅导员工作具有个性化的特点，对于同一个工作，不同的辅导员，其工作理念、工作思路、工作载体、工作方法和工作成效都可能不一样，因此，尊重和发挥辅导员的主体意识，强调其主体精神就具有重要的现实意义。尊重和发挥辅导员的主体精神，就是高校学生思想政治教育工作的现实需要。长期以来，在高校思政教育工作实践中，始终是强调辅导员个性化开展思政教育活动的，而当前强调尊重和发挥辅导员的主体精神，要强调以下三点。

允许和鼓励辅导员积极创新工作。高校学生思政教育工作有很强的政治性和政策性，要求辅导员应当严格贯彻党的教育方针，认真落实各项教育政策，积极地将思政教育的要求落到实处，切实促进大学生树立社会主义核心价值观。因此，从这一点上讲，辅导员工作是不能随意"发挥"的，无论教育内容还是活动主旨都应当紧扣思政教育的要求，辅导员可以创新、创造的空间主要在于教育的方法、形式、载体、手段、平台等方面。辅导员不仅可以创新，而且应当不断创新，要将思政教育工作常做常新。所以，在实践中，要允许和鼓励辅导员按照党和国家要求，按照学校要求，围绕育人目标，把控思政教育活动的策划、组织、过程控制，对思政教育的具体内容、平台、载体等方面进行专门的设计，体现出新意，增强吸引力和感染力，增加教育活动的生动性和互动性，从而增强育人效果。

积极鼓励辅导员专业化发展。发挥辅导员的主体精神，要着重调动辅导员对于业务的钻研精神、精益求精的精神，要促使辅导员按照专业化道路不断提升自己的专业化水平。高校学生思政教育工作内容越来越丰富、分工越来越细、专业化程度要求越来越高，单个辅导员很难在所有工作板块都成为特别专业的专家，因此，应当鼓励辅导员在思政教育工作某一个或少数几个领域和板块中成为专业人才，成为专家型辅导员。这个过程是一个长期的学习和实践的过程，因此，必须强调辅导员发挥主动性、积极性，发挥主人翁意识，将工作压力转化为自我学习提升的动力。

为辅导员个性化开展工作提供保障。鼓励辅导员在思政教育中创新、创造，要建立必要的保障机制，除了资金和物资保障外，更应营造鼓励辅导员创新的氛围和制度设计。比如同济大学每年拿出一定资金，专门用于评选"院系学生工作创新案例"，具体又分为"主题创新""方法创新""载体创新"等，通过评选表彰的形式，激励辅导员积极开展工作创新，这样就形成了很好的鼓励辅导员个性化开展工作的氛围，可以促进学生工作不断涌现一些新的亮点和特色，也有利于促进思政教育工作成效的提升。

（2）尊重个体差异

尊重个性化，是"人本主义"的直接体现。早在20世纪80年代，西方国家就已经提出了人本主义教育思想，认为了解一个人必须从整体出发，因为人是一个不可分割的整体，并且每个人都有独立性，有自己的喜怒哀乐和需求。所以，尊重学生的个体差异，是实现思政教育个性化开展的重要前提。

第一，知人善育，正视学生个体差异。尊重人必须以知晓、了解、接触人为基础，所以，尊重学生首先要正视学生，要面对学生这个"客观存在"。学生的个性化是建立在共性与个性并存的基础上。现在在校的大学生大多是2000年后出生的，适逢经济全球化迅猛推进、社会环境巨变的时期。大学生的思维活跃，交际广泛，能够接触到很多新鲜事物，因此他们的观念更新快，接受新事物的能力强，能够在日常行为中体现出很强的主体性和独立性。服从意识减弱，单向的灌输阻力增大，这是当代大学生共同的特点。但是，由于每个个体的生活环境、生活方式、心理因素等不同，因此会导致他们的行为方式和发展规律呈现出不同的特征，大致可以分为不同类型的群体，群体间差异较大。此外，在群体共性的基础上，又因为学生个体的成长经历、个人禀性、兴趣爱好、自身素质等方面各不相同，群体内部的学生个体差异性也很大。他们的人生目标千差万别，接受能力有强有弱，价值取向更加多元化，基于此，就需要发挥辅导员的作用，利用课余时间与学生单独进行沟通交流，根据每个人的特征进行因材施教，引导学生成长成才，并保持其独特鲜明的个性特征。

正视学生的个体差异，要求思想政治教育工作者必须正确对待学生身上存在的缺点与不足。思政教育工作者要有包容之心，应正视学生个体差异，还要求思政教育工作者能够想方设法帮助学生，指出其不足、提供改进建议、帮助其改正。正视学生的个体差异，还要求思政教育工作者能帮助学生积极弘扬其优点与长处，无论是良好的个性特征，如开朗、活泼、勇敢、有创造力等，还是一定的素质特长，如艺术天分、文体特长、科研能力等，扬长避短，促进学生进一步拓展其优势，促进学生更好地成长。

第二，因材施教，体现层次差别。个性化的教育方法主要体现在因材施教，就是根据大学生的个体特征和个性差异进行教学实践，尊重学生的个人禀赋、专业背景、认知水平、学习能力、自身素质等方面的个体差异。在进行学生工作时，需要从学生的实际情况出发，依据学生的个性特征、发展规律、生活环境和生活方式等情况进行因材施教，做到具体问题具体分析，切实解决学生的问题。

在目标设计等方面体现层次差别。由于个性的差异，每位学生想要的人生目标各不相同，有的想在专业领域做出一番成就，有的想锻炼自己全面发展从而更好地适应社会，有的就想出国深造体会不一样的文化，也正是由于个性的差异，思政教育开展的过程中，我们对每名学生的目标设计也应该体现出层次差别。如喜爱钻研、动手能力强的同学，可以鼓励其在科技创新方面有所建树；学习成绩优异，热爱科研的同学，可以鼓励到国内外知名学府学习，在专业领域实现自己的理想；学习成绩一般，但人际关系特别好的同学，可以在领导组织、协调和领导能力方面多加锻炼。

第三，弘扬个性特征。现代社会造就了一批具有较强主观意志、独立意识的年轻人。在大学生中更是存在着强调个性自由、强调自我独立的群体，他们的思想更加复杂、价值观更加多元、个性更加张扬。在思政教育过程中，既要加强学生的全面发展，又要尊重学生合理的个人追求和个性发展，重视他们在学习与生活、物质与精神、情感与理智等方面多元化、多层次的需求，关注学生的个性特征和发展需要及心理特征，能够从根本上促进学生的个性发展，发挥学生的潜力。

鉴于目前社会对人才多元化的需求，更应关注学生个体的差异以及个性发展的不同需求，充分发挥学生在不同方面的能力和水平，树立正确的世界观、人生观和价值观，树立创新意识，培养创新精神。创新精神实质上是一种独立探究的精神，以"独创"为特色的创新思维必然是一种个性化思维，需要尊重学生的个性。培养创新性人才就需要在日常的教育教学过程中指导学生树立创新意识，培养学生的创新能力和水平，提高学生的创新精神，这样就可以激发学生自觉主动地发现问题、解决问题，提高学生的能力。并且在教育过程中可以对学生进行有目的的指导和训练，充分发挥学生的主体性，为他们的发展提供条件，创造学习环境，帮助学生培养组织能力、管理能力、人际交往能力以及团队合作能力等，使其成长为能够满足社会和国家发展需求的创新型人才。

充分尊重学生的自我，激发学生主动参与，鼓励学生主动探索，为学生实现个性发展提供一定的条件，营造良好的学习和成长氛围，允许学生适当的个性张扬和"奇思妙想"，使他们获得良好的个人心理体验和感受成功的契机和载体，促进学生个性发展和个人梦想实现。如部分高校针对学生个性化需求，提出"学生有梦想，我们来实现"的理念，通过提供资金、场地、物资等，创造平台帮助学生圆梦。

3.增强教育的人文关怀

思政教育中提到的"人文关怀"是指有别于自然的人伦内涵，同时与神理有别的精神教化，并具有自身的特点，如文明、儒雅、文治教化等。马克思认为，人本的实现首先是满足人的合理需要、尊重人的主体价值、重视人的实践活动。在此基础上，实现人的多维度解放与全面发展，达到人的自由个性。现如今我们也对"人文关怀"进行了新的界定，"人文"特指能够以人的人格和尊严为主，充分发挥人的主体性，把人文的内涵与当代的社会主义核心价值观相联系，重点突出实现人的价值，能够很好地处理人际关系。

人文关怀始终坚持"以人为本"的教育理念，在实施教育的过程中可以发挥人的主体性，关注个体的生活环境、生活方式和心理状态，强调人的价值取向和教育理念。思政教育"以人为本"的人文关怀，是马克思主义人本论在高校思政教育实践中创造性应用的产物，它强调教育者与被教育者的平等性、亲近性、贴近性和柔和性，强调尊重学生独立的人格和自由的精神，着眼学生的全面发展，凸显学生的主体地位，从人文关怀、柔性管理和隐性教育三个方面入手，在潜移默化中达到较好的教育效果。

（1）重视人文关怀

人文关怀是思想政治教育的核心维度和价值坐标，主要体现在以人为本，关注学生的发展和需要。"人"是思政教育的出发点与归宿。推动大学生思想政治教育走向人文关怀，首先要承认并尊重大学生是具有独立人格的人、完整的人、能动的人、创造性的人。把思政教育作为一种关怀学生，为学生服务的工作，在工作中既要坚持教育人、引导人、鼓舞人、鞭策人，更要做到尊重人、理解人、关心人、帮助人。要关心学生内心的感受，倾听学生的呼声，了解学生的情绪，关心学生的疾苦，关注细节、关注需求，善于把握学生的思想变化、心理波动、学业困难、生活现状等，将思政教育做细、做活，弘扬学生的主体性，促进学生全面发展。

第一，尊重学生独立人格。思想政治工作说到底是做人的工作，需要"情"和"理"并用，以真挚的感情启迪人，情理交融，循循善诱，坚持以人为本。关注"现实的人"是马克思主义人文关怀思想的出发点。充分认识大学生这个完整的生命体，大学生是有思想、有情感的活生生的人。只有立足于人，从现实的人出发，从人的现实需要出发，并最终回归于人，回归于人的发展上来，才能真正提升思政教育的实效性。尊重学生，要避免居高临下，以师长的姿态来教训学生，以刺激性词汇来管教学生。要避免对学生进行分级分层，避免标签化管理，要善于发现每个学生的闪光点，客观公正地看待每名同学。保护学生尊严，对家庭经济困难、学习困难、后进生等特殊群体的学生要注意隐私的保护，帮助他们克服欠缺的方面，不断完善自我。

第二，满足学生成长需求。在科学发展观的指导下，我国高校学生工作提出要以学生为本，更加注重学生多样化的需求。尊重学生的兴趣，满足学生的需求，学生工作应该从重管理转型到重服务，从规范学生转型到为了学生。

高校学生日常工作量大，学生基数大，导致辅导员经常需要处理大量烦琐的日常工作，在实际组织管理中容易出现严格按照制度开展工作，忽略了人的情感因素；以灌输式、教导式的形式达到思政教育的目的，忽略了学生的需求。学生工作必须尊重、正视和研究学生需求，并要把握学生个体、学生群体的不同需求，才能从根本上提高辅导员工作实效性。高校思想政治工作应该从学生需要什么、喜欢什么的角度出发，倾听学生的呼声，关注细节、关注需求。善于把握学生的思想变化、心理波动、学业困难、生活现状等，主动挖掘学生的需求，特别是不主动表达的学生群体，但是在对学生个体的个性化特征进行了解的过程中，需要通过大量的信息敏感地捕捉到相关的内容，需要智慧与灵感。在学生特点的需求瞬息万变的时代，只有通过发挥各个方面的力量，才能造就一个灵活、智能的大学生思政教育体系，才能不断解决面临的新问题。

凸显学生的主体性：让学生在高校的育人、管理、服务等方面都积极参与，主动加入学生思政教育各环节，发挥主体作用。学生有权参与学校管理的全过程，并做出对自己有利的选择，避免只注重对学生行为的规范和学校教育秩序的稳定。要充分利用好学生朋辈的教育资源，依托学生群体内部资源实现自我感知和引领。同时，为了凝聚学生、动员学生，可以基于学生的意愿，让学生积极主动参与到感兴趣的学生社团、学生组织以及"学生自组织"中去，让学生在愉快的学习生活氛围中发挥着越来越显著的作用。通过学生社团与学生组织，可以进一步丰富思政教育的载体，贴近学生的生活需求、能力需求、素质需求、情感需求，提升影响力与覆盖面，增强渗透力和吸引力；可以依托学校丰富的资源，发挥学生在学生社团与学生组织中的主动性和创造性，构筑"百花齐放、精彩纷呈"的文化氛围。因此，必须进一步抓好学生社团与学生组织建设。通过加强规范管理、帮助搭建平台、提供资源与指导等，扬长避短，发挥其在促进学生"三自教育"中的积极作用。

（2）重视柔性管理

柔性管理方式在实行的过程中是自发的、民主的，通过这种管理方式能够使人们做到自律、自悟和自省，使他们能真正心情舒畅、不遗余力地为团队目标努力。

柔性管理方式的过程可以概括为"外在影响到自觉主动"这一变化，这一转变的过程受到一定的时间影响，是会反复发生改变的。根据柔性管理方式的转变过程可以发现它具有以下特点：质的模糊性、量的非线性、方法上的感应性及职能塑造性。

首先是质的模糊性。高校大学生是接受思政教育的主体，大学生思维活跃、接受新鲜事物的能力强、交际范围广等，但是他们的心理特征和行为举止有时会存在不一致的情况，这种现象就与柔性管理的"质的模糊性"这一特点相符。

其次是量的非线性。大学生虽然开始逐渐走向社会，但是他们的身心依然处于发展和成形阶段，他们的心理特征复杂多变，作为独立的个体，虽然具有很强的发展潜能，但是自律性较缺乏，对学校的一些规章制度有时会出现排斥的现象，而这一点正好与柔性管理的"量的非线性"这一特点相一致。

再次是方法上的感应性。对大学生进行管理的主要人员是高校辅导员，辅导员在进行管理时，除了要遵从学校日常的规章制度外，更要言传身教，通过自身的学术魅力，加强与学生之间的互动交流，从根本影响学生，提高自身的威信力。而这一点正好与柔性管理的"方法上的感应性"这一特点相符。

最后是职能塑造性。思政教育的管理依赖于一定的制度要求，但是制度的制定不仅是管理人员单方面的输出，更重要的是要与学生的个性心理特征和身心发展结合起来，实现柔性管理的第四大特征——"职能塑造性"。

"柔性管理"运用于思政教育，主要是要改变以往管理模式单一化和刚性的特点，讲求管理模式的多元化，展现人本性、情感性、间接性等特点，坚持个性重于共性、肯定重于否定、身教重于言教等基本原则，采用教育、引导、支持、激励等工作方式，不断增强学生的接受度。它是在思考现状这一刚性管理弊端的基础上，结合现阶段高校思政教育所处的时代背景提出的，旨在进一步体现思政教育的"人文关怀"理念，引导一种更完美的教育境界。这也是贯彻落实科学发展观，提高高校思政教育科学性、增强思政教育实效性的重要内容。

（3）重视隐性教育

隐性教育是指教育者为了实现其教育目的而实施的不为受教育者明确感知的、使受教育者能在不知不觉中受到教育的一种思政教育的类型，强调教育过程通过合理设计和恰当载体增强教育目标和内容的隐蔽性、增加教育过程的愉悦性、增大教育途径的开放性、延长教育节奏的渐进性、发挥教育接受的自主性，以生动活泼、喜闻乐见的形式，把教育目的、内容和形式在无形中渗透在学生的日常生活和学习过程之中，这样就可以把隐性和显性教育有机地结合起来，在不知不觉中对学生的思想、观念、价值、道德、态度、情感等产生影响，使他们在不知不觉中受到熏陶。长期以来，我们更多强调显性教育，强化显性课程，但隐性教育的作用和潜能还未得到很好的重视和发挥。

从思政教育方法上看，隐性教育是相对于显性教育而存在的，其特征表现在：①教育境界上追求的是"潜移默化"和"润物细无声"；②教育目的具有潜隐性；③教育功能具有浸润性；④教育内容具有隐形作用，是在不知不觉中对学生进行熏陶和影响的，尤其是隐性教育具有渗透性和间接性，并非思政教育第一课堂上以授课的形式给学生灌输道理，也并非通过思想政治老师直接向学生传授教育内容，而是将教育的目的和意向隐藏到学生的学习、生活和各种活动之中，隐藏到学生生活学习的环境中，利用内隐的方式将教育内容渗透在教育情境当中，可以让学生在潜移默化中接受教育的影响。

第一，隐性德育课程教育。隐性德育课程是指隐藏着思政教育目的，以潜移默化的方式发挥着思政教育功能的课堂，可以涵盖自然科学课程、人文社会科学课程以及专业课程，也就是今天大力提倡的"课程思想政治"，也就是"课程思政"。在不同的学科之中有不同的精神内涵，如人文社会科学具有明显的社会主义核心价值观和爱国主义精神等内容，自然科学中含有持之以恒的研究品质内涵，这些不同学科的教育也就是上文提到的隐性教育，专业课老师对学生的影响非常大，其在专业学术上的造诣常受学生的崇拜，进而延伸到崇敬专业课老师个人。因此，专业课老师应该利用自身的优势，在专业课程上不失时机地渗透正确的社会价值观念、专业道德等，还可以通过个人人格的魅力感染同学，引领同学对专业知识的探索、对科学精神的追求，甚至生活态度的积极向上。

第二，校园文化环境熏陶。校园文化环境是开展大学生隐性思政教育的主要空间和载体，包括校园物质环境和校园精神文化环境。

校园物质环境是由校园建筑、道路、植物、文化设施、内涵育人信息的人文景观等构成的空间场所，大学悠久的历史沉淀在校园物质环境中都有不同程度的体现。如学校建筑，本身承担着教育功能，结构设计、建筑外形、功能变化、名称等都可能有背后的故事，同时在悠长岁月里发生在其中的人物、事件等都有可能成为教育学生、启发学生的资源。构建充满真情实感、人文关怀的校园环境，其所内隐的文化、信息和历史等都在以无声的方式影响着学生的思想。学生生活学习在校园里，对校园环境总有着自己的解读和理解，从而内化为对学校精神文化的认同。更进一步，校园物质环境中所体现出来的精神，可以被转化为学生个体的精神，从而起到以境化人的隐性教育的作用。

校园精神文化环境是指大学的精神、大学的文化传承与创新。一所大学的精神文化，指引着身处其中的人们的思想观念、价值追求和行为方式等，这是一种潜在的、无形的却又无处不在的教育因素。大学精神可能就包含学术精神、人文精神、科研精神、批判精神、爱国主义精神等，不仅可以引领校园文化的主流，还可以提升学生的思想境界，完善学生的人格品质。如搭建校史校情的课程体系，通过正规的第一课堂、"形势与政策"课堂、报告会、参观展览等多种方式，让学生了解学校的过去和未来，在润物细无声中影响大学生的认知，给大学生深刻久远的启示。大学生在这样的教育情境中可以克服自身思想方面的局限性，在学校为学生创造的学习环境之中，可以充分发挥这种教育力量、教育内容和教育因素在潜移默化中对大学生形成影响的作用，这样的影响可谓是"润物细无声"的内化和作用，对大学生形成正确的价值观和教育思想有着不可估量的作用。

第三，渗透式学生发展教育。高校培养学生全面发展，为学生构建了丰富的第二课堂活动，搭建了多样化的育人平台，层面多样、内容广泛、形式新颖，参加者选择性强、自主性高，在寓教于乐的过程中，学生的自主性得以发挥，从而潜隐在活动中的思政教育因素会发挥作用，以极其自然的方式积淀到学生身上。

校园文化活动通过对活动的合理设计，运用多种学生喜闻乐见的方式，让学生积极主动地参与活动，享受活动。在愉悦的氛围中，与思政教育相关的因素如人生哲学、伦理规范和理想道德等，会以一种渗透的方式浸润学生，使学生在温馨愉悦的氛围中成长。

社会实践在新世纪大学生培养中有着非常重要的作用，不同于大学专业知识及技能等方面的培养，社会实践对大学生综合素质的提高存在着潜移默化的影响，其作用不可替代。将大学生个体置于整个国家与民族的背景之下，置于历史与时代的维度之中，社会实践对大学生在更大范畴上具有意义，在更广义的高等教育中扮演着角色。

大学生作为即将进入社会并在未来发挥重要作用的群体，通过社会实践活动，将个体与社会更为紧密地联系起来，社会日新月异的进步与民族复兴道路上发生的深刻变化，他们将获得亲身经历甚至参与创造的机会，其参与感与自豪感会让他们切身体验到国家在党的带领下所创造的辉煌成就，爱国的情感和承担民族复兴重任的使命感随之而来，形象且深刻，这将成为学生努力学习积极回报社会等正能量行为的动力。通过参与丰富多样的社会实践，大学生的社会阅读能力和解决处理实际问题的能力会得到充分的发展，其对理想和价值观的认识也不再抽象与片面，从而坚定当代大学生对其远大理想的信念和自信。在行知结合中，大学生原本相对稚嫩与单一的世界观不断成熟和完整，优秀的品格和个性在与外界的互动中形成良性的正反馈。

三、高校社会主义核心价值观教育的课程

（一）理想信念教育中的美育课程

美育的最终目的是促进人的全面发展，并实现人的价值和满足人的需求，密切关注人的发展，这也是育人工作的根本目标，所以，在探讨美育的过程中，我们应该遵循人的发展规律。理想信念教育的本质就是提升受教育者的认知和审美能力，让受教育者对未来产生美好的向往，并积极参与到美育教育中，进而完成个体的审美实践。

1.美育课程建设

（1）美育课程建设的载体

第一，建设美育课程的基本载体是美育课程的课堂教学。基本载体是以美成人的美育的根本载体。教学活动作为学校的主要教育活动，其主要的教学活动就是课堂教学，所以，组织学生开展教育活动的主要形式就是课堂教学，这也是实现美育的主要途径和渠道。美育是以美成人，所以，在设计教学的过程中，应该根据具体的教学目标、教学形式和教育内容进行合理、科学的设计。

注重教育目标的全面性和层次性。美育的目标可以从理论上将其分为表层和深层两个层次，这两个层次彼此相互联系、相互渗透。表层方面主要负责传递审美知识，提高审美能力以及审美创造能力，培养与审美有关的能力，如对美的感知力、想象力等；深层上是陶冶人的精神，重建人们的心理结构，塑造和完善人格，培养人们的综合素质全面发展。

实现美育的目标不是一蹴而就的，而是循序渐进，从部分逐渐到整体的过程，美育的最终目标是要使学生具备健全的人格，这也是美育课程的根本任务。美育所要培养的人才并不单单是能够熟练掌握某一项艺术技能，现代美育不能只停留在表面，注重提高表层的审美知识和审美能力，而是要让学生通过学习相关内容了解相关背景知识，拓展思维，不仅收获到基础的文化知识，价值观和审美

方法等，还极大地拓展了学生的思维空间，让学生拥有更加深厚的文化内涵，打破仅限于专业知识和方法论的局限。

所以，美育课程是将追求真善美相结合，在此基础上对学生进行的人格教育，其所关注的是学生整体素质的发展和个性的自由发展。在美育教学中，教学目标必须是层层深入的。在教学目标层次上，应该做到表层目标和深层目标、一般性目标和特殊性目标、长远目标和短期目标三个方面相结合。在教学目标全面性方面，既要教授学生相关的理论知识，还要注重对学生行为、情感、认知、体验等方面的教学。确立起科学合理的教学目标，对于有计划地开展教育具有重要的作用。美育课程一方面要传授学生有关审美的知识，另一方面要注重引导学生体验艺术中的审美境界，深入领会艺术创造者在其中蕴含的情感，让学生深切感受艺术的魅力，不断培养学生的人文精神和提高学生的人文素养，促进学生的全面发展和提高学生的素质。

注重教育内容的系统性和科学性统一。美的事物在某些方面具有相似性，但是不同的事物具有不同的个性，也表现出差异性，所以在对学生进行美育时，要注意向学生普及美的共同标准，在此基础上再针对不同个体对审美的不同要求和特点进行教学，帮助学生提高审美能力，在个性发展方面更加理性，做到普适美和个性美的统一。

美育教学内容设置方面，要遵循系统性和科学性原则，以培养学生的人格为重要目标，系统地规划教学任务和完善课堂体系，并且在美学教育中不断明确人格培养的方向。

注重教育形式的多样性和互动性。每一个人都具有自主性，可以进行自主选择和自我教育。在每个人的人格发展中，自我意识都发挥着重要的作用，它既组织人格发展，也推动着人格发展，在无形中影响和塑造人的品格结构的各个部分，影响不同部分之间的关系，并且，自我意识也会约束个人的行为。外在教育的作用需要受教育主体将其自主转化为内在动力。受教育者的自主意识被调动以后，学习积极性会被调动，主动在课堂中进行自我建构和自我建设，这既可以充分保障美育功能的发挥，也可以帮助受教育者完善人格。

美育不止需要美学理论指导，还有教育学和艺术理论等，更应该将理论与实践相结合，在教学中采用感性和形象的方式，这样才能对学生的情感世界产生影响。美学课程并不是简单地欣赏，而是告诉学生美的规律，向学生传递有关美学的知识，并不断深入，是理论性和系统性较强的课程。和一般的专业课相比，美学课程也具有自身的特点，它是通过艺术作品来让学生获得启发，在课堂上既向学生传授知识，也陶冶学生的情操。所以，从形式上来看，高校美育课程要注重课程的多样性以及与学生的沟通交流，吸引学生的注意力，调动学生学习的积极性。

第二，建设美育课程的一般载体是美的校园文化。一般载体就是最常见的载体。在学校教育中，校园文化不可或缺，它是最普遍的教育载体，并且，能够为学生的美育教育营造良好的教育环境。校园文化是师生共同创造的，是教育教学中产生的文化财富和精神财富，这些具象的精神财富和文化财富是校园文化中不可缺少的一部分。

校园文化是一种独特的意识形态和群体意识，其存在和发展都是客观的，在人文自然环境的长期熏陶和影响下，将培育和积淀下来的传统文化和人文精神转化为某种人们共同的价值追求和行为规范，进而在校园文化主体身上不断产生影响，对校园中个体的价值观、人生观、情感、人格等方面起到引导和影响的作用。同时，校园文化也是一个综合体，具有多个层次和不同的方面。在构成要素方面，理性和感性兼具，既有比较实用的，也有艺术性的，动态和静态相结合，理论和实践并重。在构成要素方面丰富多样，可以从不同方面对学生进行美的教育，通过多种方式和渠道影响他们的审美心理，不断提高学生的审美能力，激发学生创造审美的能力，加强学生对美的理解能力和感受能力等，从而帮助学生在感知、情感等心理功能方面协调发展，让学生拥有更加完美的人格。

校园物质文化的载体。在建设校园文化的过程中，物质文化是不可或缺的一部分，优美的环境可以为学生营造良好的创造氛围。干净、整洁、优美的校园环境在学生人格塑造和培养中具有重要的作用，引导着学生不断完善自身人格，让学生保持积极向上的生活态度，生活中不断探索，并不断引导和激励学生和教师保持进取心，培养和提高师生的审美能力，引导师生形成积极的发展观念。

校园内的建筑、教学设施、活动场所、植被绿化、图书馆等都属于校园物质文化。首先，校内的建筑与景观建设是比较实用的部分。建筑也属于艺术的一个门类，其最大的特点是既可以满足人们的使用需求，也可以利用其空间形象，将一个国家或者民族的思想感情、审美能力及文化背景等特点展现出来。其次，是建设科研条件和教学手段。现代社会，科技发展迅猛，科研条件和教学手段也在不断地创新和发展，传统的教学方式和研究方法在如今科学技术快速发展的时代已经不适用了，反而会制约和阻碍科研的发展，在人才培养中，教学手段和科研条件的建设至关重要。

另外，数字化教学环境的建设也不可或缺，学校校园网、电子图书馆、多媒体教室等先进的设备为教师和学生信息技术能力的提高创造了条件。在校园文化宣传中，语言媒介也普遍运用，学校广播站、网络、报纸、杂志、黑板报、明信片、贺卡等作为校园文化宣传的媒介，也极大地促进了师生和生生之间的沟通交流，为校园精神文化的传播提供便利。

校园物质文化要将其意境化的特征充分体现出来，才能够在学生人格培养过程中发挥更大的作用。主体对客体的反映是通过情感表现出来的，人们会根据自身的情感体验来判断客观事物是否满足自身需求，因为有客观现实的需要，所以才会有情感的产生。校园物质文化集中体现了校园中人们的精神生活，每一处人文景观都传递出人们的情感以及思想倾向。优美的校园建筑和设施应该与大自然融为一体，让人们一看就能够产生情感上的共鸣，进而在精神上受到熏陶。

校园精神文化载体。高校不仅要为学生学习知识提供渠道，还要注重学生精神世界的建设。校园文化可以丰富学生的精神世界，与传统课堂教学相比，文化建设并不会制订明确的教学计划，也不会以课堂的形式进行授课，也不会进行分数评定，它是精神层面的产物，是校园内充斥着的特色氛围。优秀的校园精神文化能在无形之中影响学生、熏陶学生、同化学生、改造学生，能够帮助在校学生树立正确的人生观、世界观以及价值观，让学生正确认识世界、了解世界，思考人生，探索属于自己的光明未来。校园精神文化和美育之间的互动交流能够让学生身心健康发展、人格健全发展，能提高学生的道德水平。

校园精神文化建设需要建设载体，也就是校园文化活动。校园文化活动能够承载校园精神，能够将道德要求、文化要求、品质要求融合在活动过程当中，能够让精神层面的校园文化表现在具体的实践活动当中。校园文化实践活动具有自发性和群众性，学生在实践的过程中，可以获得知识，体验情感，精神文化的内化需要学生在课内活动、课外活动当中主动理解与表达，只有这样才是真正的精神内化。

所以，校园精神文化活动必须注重体验性，只有让学生真正感受了，学生才能真正内化精神文化，促进自我人格的养成。体验的过程中学生投入了情感，也能在活动当中发现自我、认识自我，从心理学的角度来看，体验的过程是感受活动蕴含的艺术的过程，如果学生能够全心投入，那么会在活动当中获得沉浸式的体验。体验讲究的是主动、亲身经历、细细品味，体验过程是学生知情意行的互动过程，能够让学生养成良好的人格品德，对学生的发展而言至关重要。

校园精神文化活动在实施过程中主要涉及两个层面的内容：①做到校园文化活动的丰富多样。校园文化活动能够有效地提高学生的审美性，让审美文化更加丰富，有内涵，也是学生在课堂之外提高美育的主要方式和手段，因此学校应该组织和艺术相关的讲座、会演、报告以及交流活动，为学生艺术的获取和提高提供渠道，让学生的艺术需求能够得到更好的满足。②做到审美实践活动的丰富多样。学生的审美实践需要依托各种各样的审美实践活动，也要依托社会上的审美资源，校园文化很多都涉及审美要素，而且表达形式比较新颖，活动格调比较高雅，这些都能够给学生带来丰富多样的审美体验，也是发展高校美育的重要载体。除此之外，社会当中的艺术馆、美术馆、旅游景点也能够为审美提高、审美活动的开展提供支持。

学校要时刻了解关注社会上的美育资源的发展动态，并且为学生课后美育活动的开展提供指导，鼓励学生参加各种形式的文化演出、文化活动，培养学生感受艺术美、自然美、社会美的能力，形成多层次的审美欣赏能力，不断地提高自己的审美能力。

校园制度文化载体。校园制度文化包含管理措施、管理制度、行为准则和规范校园内的行为等，校园制度文化的特点是精确、稳定、权威以及有导向性，校园制度文化能够很好地指导学生的人格发展，具体体现在以下两个方面：①校园制度文化可以规范和指导学生发展人格；②校园制度文化能够让学生形成正确的价值观，让学生形成正确的是非判断标准。

第三，特殊载体：教师的言传身教。

良好的性格。人格的核心是性格，性格是由人内心深处表现出来的比较稳定的应对现实的行为习惯。一般情况下会根据人表现出来的性格特征将人划分为某一个性格类型。性格类型的划分包括内倾、外倾维度；稳定、不稳定维度，如外倾性格包括积极、主动、开朗，内倾性格包括孤僻、沉着；稳定情绪包括镇定、沉静，不稳定情绪包括焦虑、激动、多变等。在教育的过程中，教师需要清楚认知自身性格，结合自己的性格特点展开教学，如外倾性格的教师应该在教育过程中多多采用说服和实际活动锻炼的形式展开教学；内倾性格的教师更加适合使用示范法、榜样法以及情感陶冶方法展开教学。

总体而言，教师的情绪应该保持稳定。并且，教师除了完成教学任务以外，还需要加强与学生的联系，关心、爱护学生，积极引导学生，做到诚实守信、公平公正、终身学习，教师是学生的榜样，在生活当中要做到知行统一、以身作则，向学生传递正确的思想品德以及价值观念，教师的行为能够指导学生、引导学生效仿。

融洽的师生关系。师生关系的和谐融洽能够有效地促进教学的顺利进行，师生关系的融洽能够不断地拉近老师和学生之间的距离，能够让学生的学习动机更加丰富，不仅让学生有知识需求，还会让学生产生感情需求，而且和谐融洽的师生关系也能够让教师的工作从职业需要转变为职责需要。所以，教师必须关爱学生、尊重学生、信任学生，对学生有满满的爱，对学生的爱是师生关系融洽的基础与前提，对学生充分的尊重和信任是维持师生关系融洽的桥梁。另外，教师应该注重发展学生的个性，尊重和欣赏学生的不同个性。同时具备协调能力、管理能力、沟通能力，这有助于教师和学生建立良好和谐的关系。

较强的交流能力。如果教师有较强的协调、管理、沟通能力，那么教师会表现出乐于沟通、乐于交流的积极态度，会让学生感受到真诚、诚恳、信任以及尊重的感觉，自然而然也容易得到学生的认可，对于学生人格的健康发展也有重要作用。师生关系的融洽能够让师生在感情方面表现一致，能够形成强大的师生合力。所以，教师应该认识到个人发展不仅仅是知识和技能的发展，也要注重情感方面的发展，要和学生平等、和谐的交流，在为人处事、交际待人方面为学生树立榜样。

良好的自我调控系统。对于教师人格而言，自我调控是非常重要的，自我调控可以让教师保持积极乐观的心态，可以让教师正确、理性地看待他人，可以让教师保持正面的情绪，塑造坚忍的意志。教师的自我认识可以让教师接受和提升自己，也能够让教师更好地认识他人，接受他人，有良好情感的教师能够和学生培养融洽的师生关系，他们能够在教学活动当中表现出热情、积极、诚实的情感，能够有效激发学生良好情感的产生。能够自我调节情绪的教师不仅能够快速调整自己的消极情绪，也能够在学生情绪出现问题时做出良好的指导，帮助学生积极健康地生活与发展。具有坚韧不拔意志力的教师在工作中会表现出积极、坚韧、不退缩、不惧怕的特点，能够持之以恒地坚守自己的岗位，也能够耐心细致地处理学生问题，为学生的发展树立良好榜样。

此外，教师应该还具备创新意识、学习意识以及实践能力，这些也是具有优秀人格的教师应该具有的品质。教师是培养社会未来栋梁人才的人，创新意识能够让教师不断地探索教学方法、教学形式，能够让教师创造出适合学生发展、启迪学生思维、激发学生创造性的教学形式，能够让教师更好地完成教学任务。而且创新意识能够让教师主动接受新观念、新潮流，能够让教师始终保持积极学习的态度，不断地提高自己、充实自己，让自己的学识更加丰富，丰富渊博的学识能够吸引学生引导学生更好地学习。

总之，教师的榜样作用是巨大的，教师的言传身教能够在无形当中对学生产生巨大的影响，所以，教师的以身作则、言传身教是大学生人格素质培养当中的特殊载体。

（2）美育课程建设的内容

随着高等教育改革的不断发展和完善，受教育者的学习氛围变得更加自由和开放，受教育者成了教育的主体，主要表现在学生拥有了更大的自由来选择学习内容的时间和空间。同时，得益于现代信息化社会的迅猛发展，学生也会充分利用各种途径来挖掘美育信息以适应大众文化的冲击。因此，审美教育若想实现长远发展目标，就必须在坚定审美教育目标的方向下，尽快完善自身的教育内容以满足大学生不断变化的审美需求。

第一，美育课程建设内容的类别划分。近年来，越来越多的美育工作者开始积极探索美育教学方法，并在美育内容的选择上越来越倾向于适应时代发展需要和理想人格培养，同时，在高等教育理论研究与实践方面进行了很多大胆创新尝试，这些重大举措在提升当代大学生的综合素养，推动美育工作的健康、和谐、可持续发展以及适应素质教育方面发挥了重要作用。

第二，美育课程建设内容的教育维度。审美认知教育。所谓审美认知，由感知、判断、推测和评价等几项审美心理活动构成，它并不只是其中任意单一心理活动的欣赏过程，而是在现有的审美认知图示下，鉴赏和认知审美情境及构成审美关系的审美主体与审美客体的过程。总体而言，审美认知教育针对的是审美活动的认知过程和接受过程，是在对审美信息进行加工和整合的过程中，采取的一系列方法，包括输入、编码、转化、储存、提取运用等。从审美心理学的角度出发，审美认知教育的最终目的是帮助受教育者建立审美心理认知结构，然后通过一系列活动加强认知，并将形成的审美认知运用到未来的审美活动中。审美教育活动是一个复杂的活动过程，主要可分为把握了解审美理论知识、加工处理审美信息、控制审美活动心理机制等阶段。

作为个体进行审美活动的重要步骤，审美认知教育实现了对审美信息的获取和运用，在培养学生正确的审美感受和审美意识方面发挥了重要作用。因此，在审美教育活动设计过程中，本书的观点在于以现有的活动为基础，进行以下两个方面的完善。

注重系列性、层次性的审美基础知识教育。审美基础知识教育应做到三个方面的工作：①以美学基本理论教学为前提，引导学生建立美学体系，让学生体会美的概念、审美的意义和方法等，进而指导学生开展审美实践；②将个人在生活经验中培养起来的审美感知，与具体艺术形式的欣赏、各艺术门类的了解等结合起来，从而使学生用更客观、更综合性、更多层次的视角和心态去感知绘画、雕塑、影视、戏剧、建筑、音乐、舞蹈等艺术样式的审美特质；③实现审美教育向其他类别科学教育活动的渗透，在教育内容上用自然美、社会美、科学美等审美对象的提升来加以完善，并升华到人格审美的境界。

加强对传统文化的审美引导。从古至今，人类历史上诞生了四大文明——两河流域文明、埃及文明、印度文明、中华文明，随着历史的变迁，有的文明湮没在了历史长河中，唯有中华文明不断被丰富、不断向前发展，这种持续发展性从侧面印证了中华文明的存在合理性和强大的生命力。中华民族的传统文化是中华民族屹立在世界民族的有力支撑，是中华民族国民性和民族魂的力量源泉，它凝聚了中华儿女几千年的智慧与汗水，是中华民族向前发展、不断进步的精神动力。

审美教育中融入优秀文化元素是人格养成的先在性和历史继承性的内在要求，只有不断提升审美教育的民族性、传统文化性才能不断完善审美教育的真正内涵，才能让审美教育更具审美价值。

审美情感教育。所谓审美情感，是指审美主体对客观存在的美的体验和态度，它是人类的一种高级情感，贯穿于审美活动始终，而审美情感教育是一个综合的概念，包括审美关爱教育、审美理想教育和审美修养教育等。在审美实践活动中，审美情感从审美主体的实践活动中而来，同时又对审美实践具有能动的反作用，既指引其开展审美活动，又使其活动沿着规范化方向发展。

审美实践教育。审美实践教育的方向在于促进完整人格的形成，这一方向实现的途径就是以对感性的发展来推动其向审美情感教育的转变。感性是美育的起点，具有现实性和艺术性双重属性。感性发展的层次同样有两个方面的体现：一是满足与解放感性要求，二是提升与塑造感性。与之相对应的，审美实践教育也包括主体的审美体验和审美创造等内容。从本质上而言，审美实践其实是人的实践活动，这种自主实践以最直接、最集中的方式将美的内涵进行了展现，并以对自由的体验自主进行审美创造。作为功利与超功利的统一结合体，审美实践教育既体现了美的无功利性，又体现了美的功利性，即实现人格养成。

从生命的角度而言，人的生命具有自然性，人在生活与社会活动过程中会萌发自然需要与内心欲望。但是，人的感性生命会在人类进化中被理性所规范，进而成为社会文化的内容，赋予感性生命更多的内涵。所以，人们总会将人的感悟能力看作是一种社会人的感性能力，这种感性的能力又展现了一个人的理解力、判断力和认知力等。

审美教育的过程是以审美形式使人的感性得到解放、人的文化得到提升，从而使深层心理活动的非理性因素得到激发。在审美实践教育过程中，要坚持两个基本原则：一是以学生的基本感性需要得到满足为出发点，二是以学生的感性能力提升为落脚点。这两个基本原则之间存在着密切的联系，感性需要的满足要以感性能力的提升为前提，感性能力的提升可以满足学生的感性需求，同时激发学生更多、更高层次的感性需求。

现阶段我国的美育实践侧重于对学生实践理论的教学，而对学生的审美需要、兴趣和个性的关注度尚显不足，进而导致学生的感性需求得不到满足，学生的感性能力得不到显著提升。当这种情况在现实中发生时，学生为了自身感性需求的满足和感性能力的提升，不得不寻求校外帮助，因而学生的感性能力会带有一定程度的大众审美倾向。但大众审美对缺乏感性能力的学生的影响具有明显的消极色彩，比如会让学生陷入对感性世界的沉溺中，对个人主观情感宣泄的过分强调以及对单纯的感官刺激的追求等，最终导致了学生在理性思考和把握自然、艺术、人生等方面的平衡。

发展学生的感性能力是学校美育实践的首要任务，要达成这一目标，应依托于直观的审美形式，尊重学生的个性发展。之所以要坚持这一根本方向，主要在于感性与个性是相互联系的内在统一体，感性建立在个性的基础上，人在自由表达感性因素的时候，都是通过直观的审美形式来显现的，当做到这两点之后，才能培养和发展人的感性。

（3）美育课程建设的原则

第一，乐中施教的原则。能让人"乐"的教育才是美育。美可以激发人的情感，让感官得到愉悦的满足，人想要欣赏美，所以乐于受教。人类的审美愉悦性不仅取决于审美对象，而且人们对于自身的力量、智慧的信任也是人们的审美愉悦性的起源。所以，在进行美育活动时，受教育者经常处于愉悦的精神状态、心理状态，由此产生浓厚的感情经验，享受巨大的审美情趣。这种愉悦性是吸引、引导和教化人参加美育活动、提高审美能力的重要因素。

在对大学生进行美育时，应联系学生的审美特点，依照教育目的，因材施教地对其进行审美教育，将简单的生理愉悦变为浸透着理性的崇高情操的原则，就是美育中的乐中施教原则。审美教育具有天时、地利、人和的优势，可以以乐促教、寓教于乐，将美育教育渗透到大学生生活的方方面面。美育教育需要保持以美成人、乐中施教的原则，把形象教育、愉悦教育落实到教育的全过程中。

第二，潜移默化的原则。美育的效果并非是立见成效的，这是一个持久的培养过程；人格的培养也并非是一举完成的，而是跟随一生的个体培养教育。美育应该是学校全过程、全方位的教育，是大学育人的关键内容。所以，发展美育的过程，不可拔苗助长、操之过急，应坚持耳濡目染的准则。高校应该将美育置于校园的各个角落中，让美育无处不在、无时不在，让学生逐渐习惯美育教学的存在，从生活的点滴中感受美育的乐趣，从而在潜移默化中提高大学生的审美能力，在无形中发生变化的原则即是美育所实施的潜移默化原则。这两点是美育在实施中坚持潜移默化原则的含义：①将美育贯穿、浸透到校园文化中；②将美育贯穿、浸透到教育全过程中。

第三，因材施教的原则。因材施教原则在美育中表现在：依照学生的兴趣、性格、能力等实际情况，来对其推行不一样的美育，进而让学生的品格可以和谐、自由地发育。推进个体完整品格的建立必须尊重学生审美的个人倾向。从教育学的角度来看，个体身心智能差异的科学态度、对学生主体地位的完全尊重、对学生的未来发展留下一定空间，这些都是因材施教原则的体现。从教学教育角度来看，从学生的实际情况着手，对于不同学生的特点，因材施教对其进行教育，让学生依据不同的方法、条件、渠道来获取最佳的教育效果。因材施教原则是契合学生品格发展规律的基本准则，同时，也反映了在教育中学生内心的发展规律。美育，以美成人，因材施教的原则可从三点来落实：①从实际出发进行美育，定位准确；②教师需对学生的个性特点，策划出最佳计划，让学生的性格获得充分的发展；③教师需鼓舞学生的学习兴趣，准确看待学生的个别差异；④循序渐进的原则。

（4）美育课程建设的方法

第一，知识传授法。美育教育当中，常见的授课形式是通过课堂教学的方式，这也是目前高校教育当中最常用的方法。如学习宣传法、知识讲授法。

第二，实践体验法。实践方法在美育教育教学当中表现在高校组织的各种审美实践活动中，审美实践活动是最基本的能够提升审美能力的方式之一，也是一个客观改变世界，影响主观精神世界的过程。实践活动分为劳动实践、校园活动以及参观访问等。

在实践活动过程中，学生们通过亲身经历逐渐形成美的认知，在潜移默化的体验过程中提升创造美和审美能力，亲身的实践能够从思想意识、感官体验、情感等层面认识到什么是有价值与意义的事件，形成独特的美的认知，让身心得到和谐发展。体验能够超越理性，让人感知到生命当中的情调和生命力，在精神上让人得到满足。

以美成人的时间体验能够让学生在体验过程中感受到心理上的变化，实践需要亲身体验，能记录学生们的心路历程，体验需要通过行动与意识互相统一结合，产生综合的反应，实践之后的感受和体验能够通过人的内化与主体化，成为精神上的养料。

以美成人的理念当中，实践体验是一种十分重要的教育方式。学生们通过实践活动可以在审美上将已掌握的理论知识得到应用，同时也可以在实践中获得新的感受和体验，这可以从客观和主观两个层面增强美育理论的成果，让审美达到新的高度。

美育实践的过程当中需要注意遵循一些原则：①建立一个有效的机制，让实践与认知这两个层面能够更灵活地互相配合，从而形成一种长效机制。大学生的审美过程是有波动性的，通过一次的实践活动，不可能立即提升学生们的审美能力，所以应该通过这种长效机制为大学生们创造更多的实践体验活动，再根据新的问题和形式灵活地将活动形式进行转变，逐步提高审美和创造能力。②通过引导来加强实践体验活动的效果。如果仅仅让学生在形式上参与体验活动，就容易流于表面，没有达到实际的教育效果。所以在实践体验活动中需要教育者受到一些引导。比如提前制订体验计划，根据审美现状，制订相对应的体验方式，如需要记录和观察学生体验过程中的感受，通过一些理论知识和参考对象提供的内容，让学生们在思想和情感上产生共鸣，在体验活动中达到审美的教育目的。

第三，环境熏陶法。环境熏陶法是指通过美的事物和美的文化，形成一个美的环境，在受教育者没有意识的前提下，潜移默化地让他们感受到美的熏陶，逐渐形成美的意识形态。大学生们正处于一个思想活跃的阶段，他们身上有许多可以开发的潜质，比如说他们具有诗人的品格、容易被激发起的情感以及浪漫主义气息。同时，他们又有一定的文化知识基础，如果在他们的生活环境中创造美的事物，让美与他们的生活紧密关联。这样就能够让他们在熟悉的生活中不断地被美熏陶和感染，让美育教育事半功倍。大学生生活在校园中，如果学校能够具有良好的人文气息和审美精神，那么这将是对大学生的审美教育十分有利的。由此可见，以美成人的美育教育想要得到更好的教育效果，就要充分校园的作用。

大学生的素质教育和健康成长都离不开一个良好的校园环境。一个良好的校园环境能够让学生们感受到身心愉悦，同时也能够潜移默化地提升他们的审美格调，这种环境熏陶具有强大的教育力量。校园环境包括校园绿化、配套设施、建筑等方面。比如，建立一个绿树婆娑的校园环境、与校园文化相适应的建筑构造、干净整洁的空间等，都是能够让学生们体验和感受校园文化的方式。

同时，校园文化活动也能够为学生增强审美教育的心理体验。校园组织的各种活动，比如演讲、社团、兴趣小组、读书会等方面活动，都是可以让学生们通过这些活动感受到美的感染力，从而震撼他们的心灵，陶冶学生们的情操、逐渐增强他们对真善美的理解。学校可以通过一种民主的管理制度，建立良好的校风和和谐的人际关系，再通过丰富多彩的校园文化活动，打造良好的校园文化氛围，让学生们在良好的环境中健康成长，潜移默化地在思想和行动上受到校园的熏陶，建立起完善的人格和全面综合发展。

环境熏陶也需要注意两个方面：首先，在形式上要举办一些具有感染力和吸引力的活动，让学生们产生共鸣，这样喜闻乐见的形式才能够达到教育的目的；其次，注重学生的主体性，不但要通过正确的鼓励引导让他们主动参与各类文化活动，同时也要让他们可以主动进行创作，让他们在参与活动中感受到美的力量。

第四，情感共鸣法。情感共鸣法是教师在美育教育的过程中需要把自己的情感融入课堂之中，从而让学生们产生情感的共鸣。这是一种通过教师的能力来传授知识，提高学生的觉悟能力，让学生们逐渐养成完善的人格的教育方法，这种方式非常注重受教育对象的情感激发，美育教育就是一个把客观对象逐渐内化为情感的过程，所以情感的熏陶和调动是十分重要的。

找到与学生情感共鸣的方式就需要坚持情理交融的原则。教育者在审美教育过程当中，需要通过激发人们的美好情操和积极进取的情感来达到审美教育目标，这种情感是积极向上的。注重学生们的精神进步启发他们的理性思考，能有助于他们树立正确的人生观、世界观、价值观。

因为大学生在参加审美活动时，具有一定的情感性，所以在培育过程当中，一定要注意情感的教育。比如说在教学手段、过程、氛围、语言这四个方面都可以注重情感因素的设置，通过设立一个愉悦的教育环境，让学生们在温馨愉快的气氛当中进行审美能力的学习和提升；在教学过程当中，让学生们独立主动地参与到教学中去，有意识地让学生们去感受美和接受美；教学语言上，可以用生动形象的语言，让学生们感受到情感，通过语言的艺术，让学生们接受美的知识，提升美的能力；在教学手段上，可以采用多样化的手段，提升学生的学习兴趣，比如开展辩论、竞赛、参观等活动，让学生们产生浓厚的兴趣，积极主动地参与到教学过程中去，产生良好的教学效果。

（5）美育课程建设的机制

机械的原理是机械运作的动作和构造，主要应用于机械学这门学科，现在更广泛应用于社会科学领域，主要是指机器组织中各个元素之间的运作方式和内在联系。运行机制的高效运用能够促进各个要素的联系和相互作用，能够优化内在循环，并且还能确保校园事务的正常运行和有效发展。通过建立科学有效的校园管理机制，能够保证大学生的美育教育和优秀人格养成，是规范和促进发展的基础性工程。

第一，校院两级"齐抓共管"的领导机制。完善的领导机制直接影响着教育工作的落实。"齐抓共管"是指在组织、改善、加强大学生美育工作时设置的组织领导和运行机制，这样的方式可以将具体的工作落到实处。所以，在领导机制的影响下，美育工作得以正常、有效运行，因此，建设校院两级"齐抓共管"的领导机制显得更重要。

第二，以"学科建设"为依托的动力机制。建设和发展高校的美育学科促使以美成人的美育机制得以发展。伟大实践的依据是科学理论，高校在发展美育实践过程中也需要强大的理论支持。美育理论对于大学生美育实践过程起到了重要的指导作用，因此，各大高校应该不断加强高校的美育教育建设，从而促进大学生的健康、全面发展。

第三，以"个性化评价体系"为依托的评估机制。随着美育学科的不断发展，其需要更加完善的评价机制，但是因为美育学科本身的特殊性，在评价时也具有个性化的特征。20世纪三四十年代，在现代教育体系中，教育评价作为学科的一个分支，产生于美国。关于教育评价的内涵众说纷纭。布卢姆认为教育评价是处理和获取学生学习水平和教师教学水平的有效方法，能够对教育的最终目标起到辅助作用，能够明确学生对知识的掌握程度和发展水平，能够实践和研究教育教学，并进行及时的反馈和矫正。

总之，教育评价需要有一定的教育目标和标准，通过科学的方法对教学活动、教学人员、教学水平进行高质量的价值判断，进而促进教育的改善和有效发展。个性化评价是指学生可以根据自己的方法对教学任务进行自我评价并形成自己的语言表述形式，这种评价方法尤其适合学生评价学习策略、文化意识和情感策略等方面，并且，个性化评价因为直接与所学的课程相关，融合了学生在学习过程中跟踪评估的学习特点，更具独特性。

实施美育教育的目标是让所有学生的人格水平和艺术水平更加全面、完善地发展，这是一个多元化的结构体系。因为学生的价值观、情感经历、行为习惯、文化背景各不相同，所以每一个学生都具有其个性化、独特性、差异性的一面，并且，每一个学生都具有主观能动性，不以其他人的意志为转移，所以，美育评价应反映出不同的评价特点。由此，美育评价应该更加个性化、更加多样化，也应更具艺术性和特色性。

（6）美育课程建设的框架

设计和建设美育课程的基本框架包含以下四点内容：第一，理论和实践。美育课程针对的主体是所有大学生，且属于公共基础性课程，所以，在设计课程内容时，不应该过分专业且隐晦难懂。美育课程的内容主要包括审美实践和基础理论两个部分。在学习中，应该坚持理论先行，实践起到加深作用，所以，提高审美的前提条件是学习好理论知识。但同时，只有通过审美实践，才能更深刻地学习理论知识。美育课程的最终目标是引导学生树立正确的审美观，通过培养审美能力丰富学生的情感世界，进而使学生的人格能够健康地发展。

第二，美学理论知识。学习美学知识是能够提高大学生的审美鉴赏能力和引导学生树立正确的审美观，在选择美学知识时，应该选择有指导性的入门知识。通过基础知识的学习和掌握，对美的意义、特征、范畴和形态等内涵进行初步了解和掌握，进而做出审美判断，树立正确的审美观念。除此之外，美学还有其他的学习内容，包括审美情感、审美经验、审美趣味和创意等知识，这一类的知识需要从审美心理角度分析审美活动，进而深入探究审美活动的产生和发展。

第三，美育理论知识。在美育课程中，虽然学习美育基础知识并不是最重要的，但也是非常有必要的。美育的基础知识之所以不是主要的课程内容，是因为美育课程的设置并不是针对师范生的专业课程，没有必要进行系统的学习。学生可以选择性地学习美育基础知识，从而了解美育知识。

第四，各种类型的美育理论和审美实践内容。审美实践活动是实现美育课程的主要途径，所以，它的课程内容主要部分是各类美的创造和鉴赏。想要鉴赏各类美的理论前提是认识和了解各类美的基础知识。只有掌握了各类美的特征、含义、形态等理论知识，才能在一定基础的理论知识上提高个人的审美实践能力。

2.美育视域下的理想信念教育

（1）理想信念教育的美育本质

特定的实践形态中存在着与之对应的理想信念，在那些积极价值追求的实践中具有美的属性，由这个角度出发，我国实现人类自由全面发展的共产主义远大理想蕴含着极高的审美价值。在这种实践过程中，体现了个体的生存状态、个性面貌，而且能够让个体感到身心自由、愉悦，是一个体验美的过程。理想信念教育的根本目的是让受教育的人认识到其中蕴含的审美价值，并且心生向往，进而能够主动参与其中，最终实现个人的审美实践。在整个大学时期，如果将理想信念教育比作一次审美活动的话，那么其核心目的就是从美学的角度去看待人生的意义，用美学的规律规划自己的大学生活及未来。

大学生理想信念教育实践中出现的矛盾主要集中在以下两个方面：内心预判的理想无法落地实现，社会价值取向无法与人的价值取向相统一，归根结底，还是存在人生价值的认知与审视的问题。为了实现社会价值与个人价值的统一，我们应该努力激发大学生对生命自由的向往之情，使其主动追求自我发展，实现精神世界的再塑造，从美学的角度完善主体人格，提升自身境界。

（2）理想信念教育中美育的运用——工匠精神

在大学阶段，高校理想信念教育体系的设计应该符合该阶段的规律，根据大学生认知启蒙、参与体验、建立情感、内在思考、确立目标、投身实践的逻辑顺序，设定具体的教学情境，做到多层面、全覆盖、讲重点、纵向深入。作为一种审美意象，工匠精神应该贯穿于营造审美环境、整合审美资源、建立审美关系、激发审美需求、学习审美能力、参与审美实践的全过程。

第一，营造审美环境。美是一种基于形式的感官体验，因此，在理想信念教育的过程中，要重视并善于利用这种首因效应，关注教育形式上的美感，在校园的建筑、生活教学场所融入工匠文化元素，营造浓厚的工匠文化氛围，充分展现工匠文化的形式美，让学生通过视觉上的美感体验进而形成深刻的心灵烙印。融入工匠文化并不是简单的拼接、装饰，而是精心雕琢艺术作品，这本身也体现了工匠精神。它不仅要与当代大学生的审美特点相符，而且在此过程中也培养了大学生的审美人格。我们要把工匠文化发展成为一种既有历史色彩又有现代高度的精神内涵，就要将传统的美学思想与现代工业化的理念相互借鉴，营造一种有特色的精神标识。

我们应当以动态开放的理念去营造工匠文化环境，使它成为学生参与、贡献的重要实践平台。只有借助特定的载体，工匠精神才能够成为具体且可以感知的审美对象。在宏观方面，我们可以从办学历史、文化底蕴专业发展与改革的发展方向中深入挖掘其中所包含的工匠精神内涵；在微观方面，可以通过对中西方匠人的成功经验、优秀校友学成报国的过程中，发现其传承工匠精神的价值所在。经过整理筛选这些故事例子，形成多维度、多阶段的高效资源体系，同时可以通过匠心故事汇编、匠心数字博物馆、匠心寻访与宣讲等线上活动进行宣传，做到线上线下相结合。

第二，构建审美体系。站在美育的角度来说，理想信念教育需要在各个主体以及客体之间构建审美体系，同时依据美学规律进行。在以学生为核心的前提下，建立自我之间、学生之间、师生之间、校生之间为代表的四种审美关系。依托于这些审美关系，才能够进行人格完善与培育，传递理想信念价值。

入学教育时可以为学生详尽地介绍学校历史与文化、办学定位、社会责任、育人成果等，增强学生的认同感、归属感及责任感，并贯穿于以后的教育教学工作始终，在细节中体现学校的管理、教育与服务质量，让学生从内心真正地认同、信任学校，激发学生的爱校热情。

教师在教学内外要始终以工匠精神严格要求自己，为学生在德行方面起到引领示范作用，成为学生楷模，在每一次师生互动中都适时地加入理想信念教育。

学生在学习过程中，应该团结协作、良性竞争，通过彼此之间的相互影响，重塑认知、磨砺品格，努力成为工匠精神的传承之星，将工匠文化铭记于心，并以此规范自身，努力竞逐。

除了学习外界的知识，学生要更加注重对自我认知的定位、对自身状态进行评估，合理规划自身发展，利用工匠精神带来的审美启示与力量，激发实现自身审美的需求，拓宽实现人生价值的视域。

（二）大学生感恩教育

恩情有助于维系人与人之间良好关系，实现国家之间、地区之间的连接、支撑社会关系。感恩教育不仅是一种道德教育、情感教育，更是一种人性唤起的人性教育。培养学生感恩意识以及习惯，使学生常怀对自然、对他人、对社会的感恩之心，将感恩内化成为每个人品质的一部分。社会中的每一个人都应该心怀感恩，也应该把感恩教育放在教育的重要地位。感恩教育的内容如下。

（1）对父母养育之恩的感恩

从牙牙学语的孩童到长大成人，父母是每一个人成长过程中最亲近的人，他们对孩子的照顾与付出是任何一个人都无法比拟的，都说父爱如山，母爱似海，他们的爱时刻伴随着孩子。我国的文化传统就是极重孝道，重视"亲亲"的道德伦理，而国外的文化中，父母的感恩教育也在感恩文化中占有重要地位。对父母的感恩是道德基点，如果对父母都无法做到感恩、回报，那如何能做到对他人、对社会、对国家感恩呢？因此，对父母养育之恩的感恩教育应该在感恩教育中占有根本性地位。

（2）对学校和老师培育之恩的感恩

尊师重教是当代社会重要的行为和道德规范，教师的教育与引导在每一个人的成长过程中至关重要，这不仅关系到个人发展，同时也会影响到国家建设的发展。因此对学校和老师的感恩教育在教育过程中尤为重要。

（3）对社会和他人帮助之恩的感恩

当代大学生生活、成长于社会之中，随时都与他人发生着关系，遇到困难时也经常受到他人的帮助，大学生应该对每一个提供帮助、给予善意的人心怀感恩，感谢他们提供的帮助。正是由于每一个人的无私付出，社会才能更加和谐、美好，因此在感恩教育的过程中也应该将此蕴含其中，以培养大学生对社会和他人帮助之恩的感恩。

（4）对党和国家再造之恩的感恩

在新时代下，我国整体的发展为大学生的成长和自身价值的实现创造了良好的基础和条件。大学生也在党的领导下和谐幸福地生活着，因此，作为新时代的大学生，要努力提高自己，立志报国，牢记党和国家的恩情，为祖国发展添砖加瓦。

（5）感谢自然环境的赋予之恩

水、空气、环境等自然环境都是人们赖以生存的空间，人们日常生活中的一切吃、穿、住、行都是从自然中汲取的，因此要对自然心怀感恩。当前人们对自然环境的破坏，对自然的过度开发都严重破坏了生态环境，人们在日常生活中应该加强环保意识，合理利用资源，维护生态健康，将感恩之心融于保护自然的实际行动中。

（三）大学生自我教育

1.自我教育的特征

自我教育是伴随现代社会生活方式而产生的教育方式，与传统教育方式相比具有自身的特点，也正是这些特点使它成为一种具有独特优势的教育方式。"大学生自我教育作为知识传授教育的重要补充，对于大学生群体的心灵、思想和观念世界的健康养成至关重要"。自我教育的特征主要包括以下五个方面。

（1）自主自为性

自主自为性是自我教育的最基本特征之一。自主自为性是指自我教育过程中，自我教育从发起到实施以及完成和实现，自我教育者都在其中发挥着主体作用，所有教育行为均由自我教育者本人独立完成或者主要依靠自己完成。

自我教育的自主自为性特征是因为自我教育是一个在自我教育者本人自觉意识指导下的自组织过程。这种自组织过程是主体思想发展自主性、能动性的高度体现。自主自为性是在个体主体性基础上形成的。没有自主自为这一特性，教育就成了教育者灌输，受教育者被动接受的传统教育模式。理想信念教育中的自我教育是具有主体意识的个体，具有自己的价值尺度和实践能力，而且具有反躬自省的能力，这就使得受教育个体在教育总过程中始终是作为一个独立个体，自觉地进行着实践活动。一切其他因素都作为一种外在环境支撑而存在，只能对个体的行为思想产生影响，而不能够直接指使个体做任何行动，更不可能让个体被动接受一种价值理念和思想。

自我教育的自主自为性以个体自我意识的成熟为基础，成熟的自我意识使得个体不仅能够审视外部世界，还能够省视自身。自我意识使自己与外界区分开来，清晰地认识到自己，关注自己，自我成为个体思考的立足点和落脚点；同时也意识到自己是可感知世界唯一的可支配者，只有通过自己的实践才能变革世界、变革自己。自我意识的成熟标志着个体主体性的觉醒，个体对教育活动有了自己的认识和感受，产生了自己的想法，随之而来的就是个体对于世界和自身的变革。在自我教育过程中，个体始终是以独立自主的状态来参与的，自我教育个体对教育内容有自己的看法和安排，对教育行为有自己的选择和计划，对于结果的评定也是基于自己的角度。自我教育过程中，原先被视为被动接受对象的个体开始自己主动操控教育过程，自己全程实施整个教育活动，教育计划的设定、实施、评价和调节，无不是个体自己承担的。于是自我教育个体成为教育活动的设计者、实施者和感受者，担当起教育者与被教育者的双重角色。在这两种角色的自由转换中，个体的思想实现了嬗变。

个体感受到了自身发展的独立性和自主性，将外在的压力转化为内在动力，并为了化解压力不断发挥自身的潜能，让自己始终处于一种积极思考的状态。个体在自我感知的过程中，可以自我选择教育目标、自我选择教育内容、自我内化教育方法、自我调控教育过程和自我评估教育效果。在这个动态的教育过程中，我们可以清楚地看出"实现自我"的重要性。相比于灌输式教育，自我教育更能激发受教育者的创造性、主动性和能动性。

（2）相对封闭性

相对封闭性是指自我教育系统中，自我教育的教育者和被教育者统一于同一个体自身，在个体范围内就可以构成教育矛盾关系，开展教育活动，无须外在力量的过多涉入。同时，这种封闭性是相对的，自我教育个体可以在自我范围内开展教育，但仍需要外在教育者的引导、干预以及外部环境的支撑，完全独立于环境的自我教育会陷入主观专断的误区而迷失方向和影响进程。

自我教育之所以具有相对封闭性，从根本上说是由于人类意识的特性决定的。人的意识不仅能够反映外界，还能将视角转向自身反观自省，站在主体位置审视作为客观存在的世界和自身。人类意识高于动物意识的地方在于，除了对外界刺激积极反映的功能外，人类意识还发展出一种独特的能力——建构能力。这种建构能力建立于人的意识对于第二信号系统熟练运用的基础之上。人类完善的第二信号系统能够将外在信息刺激转化为抽象的信号，借助思维运作对其进行加工整理，可以认识对象的表象和属性，尤其是对于不能或者不易用第一信号系统感知的对象更是有力。人类意识借助第二信号系统和思维规则反映自身的情况，并在主观世界中构建出一个与现实对象同构异质的映像。于是个体的主观领域内便同时出现了一个作为认识改造主体的自我和一个作为认识改造对象的自我，一对矛盾便形成了，自我教育模式在个体主观领域内构建并开始运作了，不需要外在教育力量的参与。然而自我教育活动并不是一个完全封闭的系统，而是与外界相联系着的。因为，进行自我教育的个体本来就是在特定社会环境中进行活动的，需要外在环境的信息和物质的交流作为支撑。同时，由于个体自身的局限性，在一些环节上还不能独立完成或者独立操作，这会造成理想信念教育的偏差和误区，必须要外在教育者发挥主导作用干预、指导，推动自我教育朝着良性方向发展。

自我教育系统的相对封闭性对自我教育的开展具有重要影响。一方面，封闭的系统使得自我教育个体可以脱离外在教育者的直接参与，自主独立实施理想信念教育，减少了外在教育者的工作量，更重要的是给予个体更大自由发挥的余地，为主体性彰显提供了空间；另一方面，封闭的相对性要求自我教育个体必须始终关注环境的反馈信息和外在教育者的指导，不能主观臆断地实施教育活动；作为自我教育的监控者的外在教育者也必须紧密关注个体的自我教育活动，及时、准确地引导。

（3）直接性

任何教育模式都是中介性的，除了自我教育是直接性的。外来的思想政治教育往往停留于共性化，自我思想政治教育更具个性和直接性。个体是教育的主体，个体可以更好地把社会标准和自身的特点融合起来，发挥个体的主观能动性对自我提出要求，进而确定自己不同时期的思想目标和品德修养目标，最终形成更具针对性的政治教育思想。中介性或间接性说明教育是手段，而非目的。直接性是指：一方面，教育主体无须借助其他力量就可直接认识教育客体；另一方面，教育方式上直接以自身体验为切入点，排除了中介性、中间性，跳出所谓的"价值中立"的科学思维方式，进入价值领域中，具体表现为政治立场巩固和思想道德境界的提升。

自我教育过程中，作为改造对象的主观意识成为直接认识、作用对象，不再依赖于物质形式的载体。传统教育模式中，面对众多教育对象，教育者需要借助其他力量和途径才能把握其大概情况，不能确保准确把握教育对象的全部情况，而且教育的规划也是多依靠单方面制订的。由于实践经历不同，教育对象不一定能对教育活动产生共鸣，对教育内容的接受与理解程度就会打折扣。

自我教育是在个体切身感受的基础上自己设定和实施的，实施的教育有明显的针对性，实施过程中的情况也能及时反映到教育活动的操控者那里，并及时做出修正。既作为教育对象又作为教育主体的个体由于参与了自我教育，积极关注整个活动，对于教育活动产生了强烈的期待和信任感，接受过程中的心理阻碍会减少，接受效果会更明显。这是传统教育模式所不能达到的，因为传统教育模式中，教育者与被教育者分别为两个具有主体性的个体，而且二者的活动范围也不同，相互把对方视为一个外在存在。这种形式的理想信念教育活动的设定、规划、实施及评定都是由另一个独立的个体执行的，与教育对象的实际情况会有很多的偏差，针对性不强；而作为教育对象的个体也会把施加于自身的教育力量视为对自己的异化，产生抵制心理，这就会导致理想信念教育活动的低效。而自主自为的自我教育则能够打破教育者和教育对象之间的障碍，加深双方的信任，增强理想信念教育的针对性和实效性。

从理想信念教育的角度来看，不管是教育的主体还是客体，都是现实生活中具有主体性的个体，并且，还构成了一对辩证的统一体。与人的其他特性相比，主体性更能体现人的创造性、主观能动性和为我性，更能在理想信念教育中收获自我价值。

个体自我教育的为我性形成了个体自身对内在品德的需求。主体的为我性是指从自我的角度出发，促使客体为主体服务。在理想信念教育中接受主体的为我性主要是指从满足自身的需求出发，受教育者根据其内在的标准判断教育者的宣讲内容是否可以为自己所用，如果有用，受教育者就会自主接受它们，相反就会产生抗拒。所以，理想信念教育需要从人的为我特征出发，满足人合理的物质需求和精神需求，特别是要为实现个体价值提供精神力量，在精神力的指引下，主体才会目标明确。只有这样，才能实现理想信念教育的价值，才能让理想信念教育获得存在的必要性和合理性。

自我教育者的直接性是建立在自我体验的价值真实性之上的。自我教育个体自主自为地进行理想信念教育活动，自己的实践经历与体验成为调动情感的最直接的依托，自己的切身经验提供了最好的教育材料。自我教育的直接性对于自我教育的意义就在于增强了针对性，调动了情感，提高了教育效果。事实证明，自我教育个体越能真实认识自我，越能提高情感认同就越能增强教育的针对性和实效性。

任何个体都是关注自我发展多于关注他人发展，作为一般的教育者也是如此。常规教育中教育者对教育对象的关注相对较少，而且是以关注自我为跳板来关注教育对象的。自我教育中的教育者的关注是对于主体和对于客体关注的高度统一，这从主观动机上就使得自我教育比其他教育更有优势。

（4）全时空性

全时空性是指自我教育对教育环境的全面适应性，它可以在此时进行，也可以在彼时进行；可以在此地进行，也可以在彼地进行；可以在这种环境下进行，也可以在那种环境下进行。自我教育对环境的要求不高，一旦被激发，自我教育就会按照过程循序渐进地进展，环境只是自我教育的潜在支撑因素。自我教育者可以随时随地对自己进行教育，因为自我教育中教育者与教育对象是物质统一、精神统一的，教育者与教育对象存在于同一时空，不仅可以全程掌握对象的情况，而且也可以随时干预对象的思想与行为。

全时空性使得自我教育比其他教育要有优势，具体表现在以下方面。

第一，传统教育模式中，教育者与受教育者毕竟是两个人或人和组织，在时空上是可以分离的，在实施教育的时候才相互联系发生影响，除此之外，二者是作为两个不相关的独立个体存在的。教育者不能全程观察教育对象，即使可以观察到其行为，由于思想与行为并不一定是同一的，也不一定能真正了解对象的真实思想。

第二，传统教育模式中，教育活动的进行对环境依赖很大。教育环境的设置既要符合教育主题，又要考虑教育者和教育对象的情况。教育环境的布置成为教育活动的重要部分，也成为影响教育效果的重要因素。而自我教育则不同，教育者与教育对象统一于一身，随时掌握对象情况，可以以第一身份与对象交流，对象不会从态度上产生抵制和叛逆。这对于化解理想信念教育中存在的问题具有重要意义。传统教育中教育者与教育对象时空上的分离，导致情感上的疏离，对教育环境的要求使得教育者只能择机开展教育，而且教育环境的布设也增加了教育成本。自我教育的成功实施则可以将这些问题解决，随时开展教育。

第三，传统教育模式由于教育者与教育对象分离，以及教育活动的计划性，教育活动往往被分为一些独立的阶段，对儿童、少年、青年和成人等对象的教育各不相同，各个阶段的教育安排有异，教育对象一旦离开了原设教育环境就不再是教育对象，教育过程中断也造成了教育效果的断层。自我教育能够打破教育的阶段性限制，根据对象的自身情况开展针对性教育，弥补外在教育者的缺位，具有持久和稳定的激励效果。

与一般的教育不同，理想信念教育是从满足人们的需求出发，尤其是满足人的精神需求，不断引导和启发人开发思维，改变人的观念，引导人追求更高更远的理想目标，进而为人的发展提供更强的精神动力。

（5）终端性

终端性是指自我教育在整个教育活动中可以视为教育环节的终端，是对外在教育的承接和深化，是外在教育产生作用的最终决定环节。自我教育机制的终端性是从理想信念教育的过程和结果上来讲的，自我教育处于理想信念教育过程中的末端，理想信念教育的最终结果是开启受教育者进行自我教育。

自我教育的激发与进行是外在教育进入个体注意范围的关口。没有个体的主动关注，外在教育内容进不了其感知范围，达不到感知阈度，成为过眼云烟，自然不能入脑入心。自我教育意识的产生是自我教育开展的前提，也是外在教育内容能够进入个体内心世界的基础，在这个意义上我们可以将自我教育视为把外在教育引入个体内心世界的导引者和守门人。没有自我教育的有效开展，理想信念教育的内化——外化进程就进行不下去，理想信念教育目的就不能顺利实现。

自我教育的终端性是外在教育生效的标示，对于理想信念教育具有重要意义。没有个体的自我教育，理想信念教育内容往往就被挡在教育对象的主观世界之外，不能真正入脑入心。只有激发和促进自我教育，打开通向教育对象内心世界的门扉，让教育对象在自己开垦的土壤里自主播种、耕耘、收获，这样才能增强理想信念教育实效性。

2.自我教育的环境

（1）自我教育环境的个体分化

自我教育个体分化为主我和客我，二者相互作用，构成了一个相对独立的系统。此系统并不是也不能孤立地存在，而是存在于一定的环境之中。把自我个体以外的一切因素都作为自我教育机制系统的环境来看待，自我教育环境为自我教育系统的运行发展提供不可或缺的支撑。从系统论观点来看，自我教育环境是将其内部组成的各个要素综合起来形成一个合力，以特殊的方式作用于个体认识的形成。

环境对自我教育的作用是非常重要的，情感教育和情感培育就必须在自我教育环境中进行，须臾不能离开，自我与理想信念教育环境自成一体，人触境才能生情，自我教育必须在环境中进行才能取得切实的效果。自我教育者的主体性只有在具体的环境中的良好发挥才使得自我教育从可能变成现实。自我教育个体经常在这些环境中活动，直接接受来自这些环境传递的信息、物质和能量，这些环境发出的刺激更受个体的关注，更容易影响个体的思想与行为，决定着自我教育的具体走向。一方面这些交流联系是直接的，传递内容是明确的；另一方面，这些环境的交流在自我教育系统即自我教育个体所接收的信息中所占比重较大，因而，其传递的信息对自我教育系统影响最明显，是影响自我教育进程的主要因素。自我教育机制运行的正常与否会改善或破坏环境，环境本身的变化也会改变自我教育的运行。

（2）自我教育环境的划分依据

第一，依据环境中构成因素是否具有能动性。按照环境中构成因素是否具有能动性，可以把环境分为"属人"环境和"属物"环境。

"属人"环境。所谓"属人"环境，指的是自我教育系统之外所有的社会个体构成的集合，包括自我教育者的血缘关系成员（如家庭成员），具有共同社会生活的群体成员（如同龄群体）和共同处于理想信念教育矛盾体系中的理想信念教育组织者和理想信念教育知识。这些因素作为自我教育系统的环境存在，同时还作为具有主体性的社会成员而存在，与自我教育系统积极地交流信息、能量和物质，影响自我教育的进展。人的环境与自我教育系统在交流方向上呈现出双向互动性特征，相对其他环境因素来讲，它们对自我教育的影响更直接、迅速。

在自我教育"属人"环境中，思想教育组织者具有重要地位。自我教育的个体不可能最先拥有先进的素质，必须要外在教育者对其进行初始的灌输、引导。思想教育是主导性非常强、方向性非常强的教育活动，必须要外在教育者进行监控、引导和指导，如果没有外在教育者作用的发挥，自我教育就会陷入"不教育"的放任自流的误区。作为思想教育基本途径的自我教育也离不开外在教育者的主导作用，否则就会成为"无指导的教育"，陷入放任自流的境地。所以，把理想信念教育组织者作为一个特殊因素单独关注是有必要的。

"属物"环境。所谓"属物"环境，指的是自我教育系统之外的所有非人的因素构成的集合，包括自然化的物的环境（如山川河流，动植物）和社会化的物的环境（如建筑、机器、音像资料）。"属物"环境主要是对自我教育的物质保障，包括对自我教育个体生命维持的保障和对自我教育活动所需物资的保障。这些因素形态比较固定，在自我教育进行过程中以一种静态、被动的方式为自我教育系统提供物质、信息和能量，在联系交流的方向上，呈现出单向性特征。虽然物的因素在自我教育过程中是被动的，但是其作用是基础性的，它不仅为自我教育系统提供物质基础，还是人的环境存在的物质基础。没有物的环境做基础，就没有"属人"环境的存在，自我教育系统就没有得以演进的可能性。物质环境为自我教育个体提供了存在和活动的基础，社会环境奠定了自我教育发展的基本方向。

第二，依据环境的时空范围。按照环境的时空范围，可以把自我教育的环境分为小环境和宏观大环境。

小环境，是指自我教育个体经常活动的具体环境（如家庭环境、校园环境、单位环境等）。自我教育个体与周边小环境的交流互动性更强，对于来自小环境的信息刺激反应更加积极、受其影响也更大。

宏观大环境。所谓宏观大环境，是指周边小环境以外的其他环境的集合，

（如社会物质生产环境、社会风俗习惯、国际关系等）。社会大环境虽然与自我教育个体的互动性不强，多是单向的信息传递，但是社会大环境作为最基础的环境对自我教育个体的行为具有根本性制约作用。

所谓"时势造英雄"就是指社会大环境对人有巨大的影响甚至起到决定性作用。社会环境在自我教育过程中主要是担当直接反馈者和最终评判者的角色。个体的行为实施后，社会环境会对其做出多方面的反应，这些反应又对个体的思想和行为产生影响，进而影响自我教育活动。同时社会环境还是个体行为的评判者，主要是从个体与周围人的关系、对社会作用价值角度做出评判，这些评判会促进或抑制个体的相关思想与行为，也会对自我教育方向与进程产生影响。作为更基础的宏观大环境与个体的直接交流并不多，以单向交流为主，个体被动接受其发出的信息刺激。宏观大环境以一种潜移默化的方式产生基础性影响，通过周边小环境发挥出影响力量。这种环境不会对自我教育具体过程产生直接影响，但是却对自我教育的一些前提性条件做出限制，如社会大环境以其传统文化的力量，塑造了一个理想自我的形象，规定了自我教育的方向和基调。

第三，依据环境的性质。按照环境的性质，可以把自我教育的环境分为"硬环境"和"软环境"。

"硬环境"，是指它是可以通过有形的物质性指标来衡量的环境因素。它包括能够影响自我教育个体或人类教育活动的、由一定生产方式所形成的经济和社会制度的总和，具体指政治制度、法律、经济等方面能用指标量化的因素。从客观上来讲，"硬环境"可以促进我国教育主体对孕育客观事物新规律的掌握和运用。站在国家的角度看，如果一个国家的制度优越，经济、政治、社会制度合理完善，整个国家团结安定，那么这个国家的人们必定团结一致，情绪安定。在稳定的环境下，人们劳动的积极性和创造性就会得到充分的发挥。

"软环境"，是不能用物质指标量化但客观存在的，经常以潜移默化的方式对自我教育主体的身心发展产生实际影响的各项条件。如社会风气、民族性格特点等。具体是指文化环境。在实践中产生理性认知对于人类来说并不简单，站在微观的角度看，理性认知的产生需要主体进行自我教育，不断蓄积知识信息，还需要一定的契机才能产生。自我教育环境中，最关键的就是文化环境。

文化环境是指人类主体环境中影响主体活动的精神文化的总和。人类在获取理性认识和发展机遇的过程中，传统文化的运用和掌握非常重要，它能够为人类创造良好的文化环境，换言之，古代人类在实践过程中积累的经验能够为思维主体捕捉问题提供充足的认知基础。文化环境能够影响认知的产生，原因在于思维和心理等各种动机会受到文化环境的熏陶和影响，在特别的文化环境的熏陶下，思维和心理活动也会更加活跃。

自我教育环境对自我教育者的素质处于支配的地位。人的理性认识的形成，从主观角度出发，在自我教育环境中，自然环境对认识自我教育主体的素质具有支配作用，主要表现为自然环境可以为自我教育主体提供直接思考的条件，并且在实践的过程中，通过教育的途径不断促进思维主体的思维水平和思维素质的提升。自我环境中的自然环境是指可以直接影响个体思维活动的身体器官条件和现实生活条件以及自然资源的总和。

在形成认识素质的过程中，良好的自然环境处于支配地位，除此之外，良好的自然环境还可以在更深层次的人的素质构成以及影响人的思维活动中发挥作用。体力素质对创造力和主观能动性起着决定性的作用。智力素质是创造的基础。精神素质可以引导主体形成正确的人生观和主人翁责任感，并对自己的事业充满动力和信心，从而不断发挥主观能动性、创造性和积极性。主体的素质越高，能动性也就越高，创造力也就更强，为社会创造的价值也就越大。自我教育的自然环境可以激发意志和积极性。

自我教育个体、外在教育者和外在环境共同参与自我教育过程，相互依赖、相互促进。离开任何一方，自我教育都会无法进行或者陷入迷失方向的误区；只有充分发挥和协调各方面的作用，才能使自我教育按照预期理想方向发展，发挥出独特的教育优势。

3.自我教育的规律

（1）外部刺激规律

运动性是一切事物存在发展的根本特征，自我教育体系构成要素之间也处于不断地联系之中，环境和外在教育者在自我教育的全程中与自我教育者进行着物质与信息的交换，不断实施着对个体的刺激。这些来自不同源头的刺激在自我教育的全程不断地发生着。刺激源是多个方面的，既有外在教育者，又有社会环境和物质环境。这些刺激由于来源多样性，相互之间不可避免地会出现冲突，对原定目标也会产生不同的影响。具体而言，外在刺激如果与目标同向，就会对自我教育产生积极的促进作用，反之则会造成自我教育体系的紊乱，影响自我教育的进程；如果刺激之间并行不悖，相互促进就会形成强大的合力积极推动自我教育进程，反之相互冲突的刺激之间指向不同方向，会导致自我教育体系紊乱，个体无所适从，严重的还会对个体造成精神上的损伤。

同时自我教育过程中的刺激的稳定性对于自我教育的稳步进行具有重要意义。人的行为是在不断地刺激下获得动力的，具体的目标的实现过程中一旦原有的刺激流中断，个体的行为就会由于缺乏直接的推动而停滞。个体会由于缺乏刺激感到原有目标不再具有现实意义而将它剔除出目标体系。

在自我教育过程中，外在教育者充当着监督者与指导者的角色。外在教育创设的理想信念教育环境是自我教育的重要环境依托之一。在自我教育激发阶段，外在教育者不仅向个体发出、输入理想信念教育目标的刺激信息，同时还利用掌握的资源条件对与理想信念教育目标不合的刺激信息进行阻隔。在个体自我认识、自我设计阶段外在教育者虽然不直接参与，却可以应个体的请求或主动帮助其认识自我、设计自我。

在践行与调控阶段，外在教育者还担任着监督、评价自我教育活动的任务，与个体的自我评价不同，外在教育者的评价主要是从外在角度进行的。他不能深入个体的内心世界了解其思想状况，但却可以凭借掌握的有关知识经验，根据对个体外在行为和状态表现对自我教育的进行情况进行判断和效果评估，也可以通过与个体交流思想的方法了解个体的思想状况。外在教育者根据对自我教育个体行为状态的观察和评判结果，对自我教育个体活动实施积极的反馈和引导。

外部刺激规律启示人们：①外在教育者要努力加强对各种刺激的过滤与控制、引导。外在教育者要积极构建一个有利的理想信念教育环境，发出正向刺激推进个体自我教育的正向发展，对于不能掌控的外在教育环境的刺激要尽力地过滤掉不良信息，对于原始刺激进行引导，使其有利于促进自我教育的发展。同时要对自我教育的刺激进行控制，排除不必要的信息刺激，过多的刺激，无论是否与目标一致都会有负面影响。②对于自我教育的个体来讲，主要是增强识别能力、加强意志力和抵制干扰的能力。

（2）目标体系的向心性与变动性规律

自我教育目标的形成基于自我认识，自我认识又是在外部刺激作用下产生的。由于个体实践活动的具体性，特定实践是主要针对一部分对象的活动，而且，具体的外部刺激携带的信息量不会过多，只能是对于个体的具体方面的反映和刺激，这决定了具体自我教育过程的目标是针对单方面或少数方面的而不是全方位的。

从整体上看，在不断来自各个角度的刺激作用下，个体同时进行多个具体的自我教育过程，这些具体过程的目标构成一个同向体系，这个中心就是个体的全面发展或者说是自我实现的终极目标。在这个目标体系中，具体的目标指向中心目标，在方向性上具有统一性。由于个体的自我选择的作用，任何与终极目标不符的具体目标都会被排斥在外。在指向终极目标的前提下，各具体的目标也应该是并行不悖的，否则具体目标之间会因为具体指向的差异发生冲突，影响自我教育的具体进程和整体进程。罗尔斯指出人的思维内容体系具有融贯性，当具体认识之间有冲突的时候，人们就对它们做一些限制、修改，最终实现所有认识之间的融贯。

目标体系是处于不断地变化中的。一方面，个体一直处于外在刺激的作用下，作为对其反应，新的目标不断地被提出；另一方面，作为阶段性的活动，原有具体自我教育过程也会在一定条件下阶段性结束。这使得不断有新目标加入，旧目标被剔除，个体的自我教育目标体系处于不断变动的状态。但是这种变动是相对的，自我教育过程的进行与完成必须是以体系的相对稳定性为前提，否则过于频繁地变换使具体自我教育过程不能有足够的时间展开与完成。而且在个体的选择过程中会对由刺激产生的目标进行甄别和取舍，保留少数目标来执行，或者归靠到原有的目标上，作为对原有目标的修正与细化。否则，过多的具体自我教育过程会超出个体的能力范围，最终会影响整体的自我教育。

目标体系的向心性与变动性规律启示人们：①自我教育者要加强对目标体系的选择规划，使其既与终结目标一致又使平行的具体目标之间不冲突，形成一种诸多小目标同心指向大目标的合力状态；②外在教育者要紧密关注个体的自我教育进程，在自我教育阶段性结束后，除了给予积极性反应外，还要针对个体情况施加新的刺激，以激发新的自我教育过程的开展，使自我教育不断在新的层次上进行。

（3）理性因素与非理性因素共同作用规律

感性认识是人在感觉经验基础上对事物现象、外部联系、部分的认识。理性认识是人借助于抽象的思维对感性认识加工整理得出的对于事物本质、内部联系、全体的认识。理性认识是主体在观念上把握客体的最高形式，反映事物深层次的联系。在具体的实践中，感性认识与理性认识是同时存在的，在认识过程中担当的角色是不同的。感性认识是刺激直接作用的结果，它是对于事物最直观、最具体的反映。感性认识就像认识活动的前沿尖兵，随时将外界情况第一时间传给决策者——大脑。理性认识是在对感性认识进行加工整理的基础上得到的，比感性认识更具有可信性和科学性。作为认识的最高形式，它具有高度的抽象性和指导性，是人们思维和实践的最可靠的依据。

在自我教育过程中，感性认识和理性认识同时参与和发挥作用。感性认识处于与刺激接触的第一环节，能迅速将刺激信息传达给主我以供其决策。在自我教育激发阶段，感性认识的范围和强度决定着个体是否会发起自我教育。在自我教育发展过程中，感性认识仍源源不断地将信息传给主我，以便对调节行为提供根据。理性认识在自我教育过程中也起着不可替代的作用，它作为最高级的认识具有科学性，是决策的最可信赖的依据。从对外界信息刺激的分析和决策，到自我认识和自我规划，再到自我践行与调整、自我评价无不有理性认识在起着基础作用，尤其是理性认识作为个体行动的依据，更从根本上决定着自我教育的发展方向。

情感意志和价值取向，作为一种"内驱力"，为人实践活动提供动机、目的和意图，并经过理性的中介升华为信念与理想，赋予实践活动自觉追求真理的力量；理性思维和语言符号，提供了从观念形态上处理、存储和传播的能力与载体，显示了理性认识作为最高级的反映形式的品质。

自我教育过程中，二者也是处于矛盾斗争阶段的。在具体的思维与决策过程中，感性认识与理性认识都试图把自己作为决策的依据，指导个体的行为。尤其是在个体进行调控阶段，感性认识更倾向于以个体的直觉和惯性为依据指导行为，理性认识则试图用经过思考的知识经验为依据指导个体决策，双方都在争夺对于个体行为的控制权，而斗争的结果则决定着自我教育的方向和具体进程。

理性因素与非理性因素共同作用规律启示人们：在自我教育过程中必须把感性认识力量与理性认识力量都调动起来才能促进自我教育的良性发展。理性认识与感性认识是个体进行自我教育活动的两种基本的依赖力量，任何一方的缺位都会影响自我教育的进程。

自我教育的主体要把加强自身的理性认识和感性认识的掌控运用能力作为一

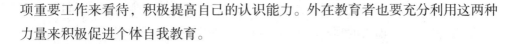

项重要工作来看待，积极提高自己的认识能力。外在教育者也要充分利用这两种力量来积极促进个体自我教育。

4.良性自我教育的实现

（1）良性自我教育的实现目标

人类实践具有目的性，教育是具有方向性的社会实践活动，教育的"方向"是指教育活动最终指向的目标。思想教育的良性自我教育是个体按照特定的标准来改造主观世界，是个体不断向思想教育标准趋近的自我改造的过程。就良性自我教育而言就是指人的全面自由发展，这是良性自我教育的最终目标。

明确了良性自我教育的最终目标，良性自我教育作为过程，它的方向性也就明确了。依据是否和教育总目标一致，可以把自我教育分为"正方向"的自我教育和"负方向"的自我教育。"正方向"的自我教育就是与思想教育总目标一致，有利于个人发展又有利于社会发展的自我思想教育，也就是良性自我教育；"负方向"的自我教育通常是与思想教育大方向相悖，与个人追求和社会发展相对立的自我思想教育，也就不是良性自我教育。

若从方向性的生成角度来看，自我教育的方向又可以分为趋向于生命本位的原生向度和趋向于外在教育的次生向度。原生向度是在本能驱使下的趋向，如追求名利、趋得避失、趋利避害等都是人与生俱来的方向；次生向度是经过社会教育等外在力量改造后形成的方向，例如为集体、国家、他人利益而牺牲自己利益，为追求目标而忍受痛苦和磨砺，这都是经过社会教育改造，在原生向度基础上形成的次生向度。

作为生命体，个体自我不仅要维持基本的生存条件、生理需求，作为社会人，他还要追求社会性需求的满足、社会需求。在前者的作用下个体追求饮食、情欲的满足，在后者的作用下个体追求得到群体的认同。这些都是自我教育个体作为社会成员所必然要满足的需要。这在历代思想家那里往往被归结为快乐原则，这些需要的满足都导致个体的愉悦感，为了追求这种愉悦感，个体在本能的指引下有选择地做出一定的行为。个体无论是追求知识、荣誉或者是其他被认为有价值的东西，无非都是为了通过这些活动使得自己的相关需求得到满足而产生愉悦。这种愉悦感建立在人类本能的基础上，是没有受到外在因素影响的活动趋向。如果个体自我教育以这个向度为方向，个体的自我教育行为就成为不断追求本能需要满足的过程，这种低层次的需求满足容易陷入盲目地追求私人欲望的满足而不顾及社会和他人的利益的极端，这自然不是理想信念教育工作所要达到的目的，这样的自我教育也不是良性的自我教育。

生命本位向度和外在教育向度同时制约着自我教育发展的方向。前者是更基础的原生向度，是所有社会个体都具有的向度，后者是次生向度，但对于理想信念教育活动而言，这一向度更具有本质性。原生性和基础性是次生性和本质性的前提和依托。两个向度之间不可能完全一致，但两者又不能有本质性的冲突。完全以生命本体向度为方向的自我教育实际上是一种"无教育""不教育"状态，是个体本能的自我满足过程。

自我教育是客观存在的生命现象和社会行为。最初的自我教育并不是单纯为了理想信念教育而产生的，而是为了自我调适、自我发展的需要而产生的。这种自我教育不以教育环境为依托，属于完全的自主自为行为。随着信息社会的到来，发布各种信息的主体以及载体，由于各自代表利益集团的不同，各自有不同的价值取向，在这种信息环境下，必须有良性的自我教育能力，以避免被发布信息的主体和媒体的政治取向所误导或牵着走。

（2）良性自我教育的实现条件

第一，首要条件。自我教育内容的科学性。自我教育是在强烈意识形态下的政治观点的自我接受和高度自我认同的过程，具有较强的意识形态性，意识形态的科学性是良性自我教育实现的首要条件。从自我教育内容的科学性上讲，自我教育者要树立阶级分析的观点，端正阶级立场，要有较高的政治觉悟，坚定政治信仰。要树立科学世界观、价值观、人生观和道德观，追求高尚的思想道德境界。

第二，重要条件。自我教育者的主体自觉性。自我教育的主体应当是具有充分觉醒的自我意识的社会个体。要实现良性自我教育就要全面提高个体的相关素质。现实生活中，自我教育个体主要受身心素质、知识储备、思维和实践能力、外在信息刺激等方面因素影响。个体的身体是个体存在的物质基础，是个体意识和能力的依托，个体的心理状况也会影响自我教育的践行与实效。身体的健康是自我教育的最根本的基础，其状况决定着自我教育能否真正开展。锻炼身体、增强身体素质对个体的意识、能力、心理起到重要作用，为自我教育提供坚实的基础。心理状况是个体意识正常发挥运作的保障，没有良好的心理状况的保障，个体的思想和行为就会受到影响。增强心理承受能力、自我调适能力和自信有助于保证个体在教育过程中的状态和效果。为了保证个体自我教育的良好状态，必须保证个体心理健康。

人的任何一次实践都是以先前实践经验为基础的。实践手段的运用不仅取决于手段的结构和特性，而且取决于主体的知识、技能和意志。知识储备包括间接经验与直接经验两种来源，具体的内容可以为自我教育的行为提供认知基础，也是具体方法生效的前提。没有知识的重组准备，就会使自我教育陷入一种无依据、无指导的蒙昧状态。充足的知识储备为价值选择与价值践行提供依据和指导，提高个体在自我教育过程中的思维与行为的科学性，为自我教育提供坚实的认知基础。思维能力如逻辑和非逻辑思维能力、规划能力，实践能力包括自我管理能力、自我约束能力、具体实践操作能力。个体能力是实现个体目标需求的工具和唯一可靠的途径，个体相关能力直接决定着其思想和实践的效果。增强个体自身能力可以从根本上增强个体认识世界和改造世界的能力，也拓展了个体全面发展的途径。个体知识和能力是自我教育顺利进行的保证，知识能力的不足会使自我教育的效果打折扣，达不到预期目标。

（3）良性自我教育的实现途径。

第一，外在教育者进行积极引导。外在教育者对于自我教育具有重要影响，外在教育者对教育内容、教育方法和相关技巧经验的掌握情况，外在教育者与自我教育个体的关系，自我教育活动会受到外在教育者的行为规范的影响。外在教育者对自我教育的影响途径主要有两种：一是通过控制环境间接影响，包括自己作为环境的一部分的榜样示范的运用；二是直接对自我教育个体进行干预。

第二，深入社会实践。实践是人类的存在形式，是人类与社会发展和完善的动力。任何人，脱离实践都不可能获得真知，也不能实现自身的发展。社会实践是理想信念教育的重要环节，具有不可替代的作用。只有通过不断的实践训练，才能真正完成良性的自我教育，并且，良性自我教育的最终目的是更好地服务于社会实践。通过实践训练，可以丰富自我教育的内容，检验自我教育的效果。一方面，实践锻炼是一种实现良性自我教育的重要方法，通过实践训练，可以内化自我教育的内容，并且在实践中可以检验教育的成果；另一方面，自我教育的过程也是自我改造的过程，最重要的是将它付诸实践，通过实践训练检验自我教育的成效。

社会实践是个体的能力素质形成的基本途径，自我教育个体的知识、行为和思维能力也是在具体的社会实践中形成和发展起来的。自我教育作为教育活动本身就是一种社会性的活动，不能离开社会实践的支撑。社会实践可以检验自我教育活动的优劣，并且，社会实践可以让自我教育的内容变得更加形象、具体、立体和变化多样，由此不断丰富自我教育的内容。加强个体的社会实践可以增强自我教育个体能力素质，可以为自我教育拓展空间，从外围间接地推进自我教育的进展。

（4）良性群体自我教育及实现

自我教育是自己教育自己的实践活动，主体是自己，客体也是自己。"自己"即"自我"，这里的"自我"有两种层面上的指代对象，既可指代单独的个体自我，又可以指代群体的自我。所以自我教育也就表现为两种类别：个体自我教育和群体自我教育。不同时期提出自我教育思想中的主体和对象略有不同，这是由具体的历史条件、语境差异造成的。总体而言，自我教育的主体是生理心理达到一定的成熟水平，同时还作为社会成员处于社会环境中的个体。在群体自我教育形式中，主体是处于特定组织中的具有平等关系的个体集合。

上述都是以个体自我教育为主要切入点的研究和论述，实际上，群体自我教育也是自我教育的重要形式。在自我教育思想诞生之初，最先指代的就是群体自我教育，而且群体自我教育涉及的人数较多，更需要组织和引导，在实践上可操作性也更强，已经成为理想信念教育的重要形式。

第一，群体自我教育。群体自我教育是把范围从个体扩展到在群体范围内的自己教育自己的活动，是群体内部发生的自我教育。群体可分为正式群体和非正式群体，本书关注的是正式群体的自我教育，主要是指理想信念教育环境下的群体自我教育。群体自我教育有多种表现形式，一般而言，集体学习和讨论、演讲、竞赛、参观访问等是主要的表现形式。首先，个体自我教育形式的扩大可以转变为群体自我教育形式。个体的自我教育主要范围仅限于个体本身，而在群体自我教育中，教育关系扩展到了群体内部独立的个体之间。其次，群体自我教育对个体自我教育的影响依旧存在，在具体实践的过程中，群体自我教育会影响个体自我教育的发展进程。群体自我教育发生的过程中，个体与其他个体相互交往，不断接受来自群体内部其他个体给予的刺激信息，这些信息作为外在刺激影响着个体自我教育的进展。

第二，良性群体自我教育的特点。

主题鲜明，有吸引力。群体形式的自我教育是主题性很强的教育活动，一次群体自我教育活动搞得好不好，很大程度上取决于教育主题是否鲜明，是否对群体成员具有吸引力。只有主题鲜明才能凸显出理想信念教育活动的方向性，才能针对现实问题，解决现实困惑，只有吸引力强才能充分调动群体成员的主动性，积极参与教育活动。

成员之间结构合理，主体性得到充分发挥。群体自我教育之所以必需，是因为群众之间思想上存在先进与落后、积极与消极、正确与错误等差别，知识技能上存在着会与不会、高与低、熟练与不熟练等的差别，开展自我教育活动可以使群众之间在思想上、知识技能上以及经济上互帮互助、互教互学，所以群体结构的等级差别性对教育效果具有重要影响。

组织规划有力。组织规划更多的是外在组织者的行为，因为群体自我教育需要同时将众多个体集中起来组织教育，就必然要借助组织机构的力量，不能缺少外在组织者的作用。从主题的选定、人员的组织、物资的配备，以及在活动过程中的调控和引导，都离不开外在组织者作用。从这个意义上讲，外在教育者在群体自我教育中作用的发挥程度决定了群体自我教育活动的成败与效果。

第三，良性群体自我教育的实现。实现良性群体自我教育，可以从以下三个角度入手。

在群体活动中，个体应该增强自主性，不断提高自身的综合素质，加强自主精神。开展自我教育的前提是充分发挥个体的主体性，这也是影响自我教育成果的最重要的因素，群体自我教育由个体自我教育扩展而来，同样离不开个体主体性的充分发挥。个体之间的相互教育、相互影响也要求群体中的个体具有一定的文化知识、道德素质和政治素养。提高个体素质是增强教育效果的前提，而且这些素质是有所差异的，否则就不会有个体之间的相互帮助、相互教育。民主精神是影响个体主体性发挥的重要因素，一个没有民主意识的个体不可能在自我教育活动中发挥积极主动性，也就不能在相互交往中客观地对待他人，这会影响自我教育的效果。

在进行自我教育的过程中，组织者应该筹划好具体的活动主题和形式，做好物质保障和人员配备工作，并在活动中发挥引导和调控的作用。外在组织者作为组织的管理者和教育活动组织者要准确把握群体的思想动态，结合群体实际，针对群体特点，确定自我教育的主题和具体实施形式。群体自我教育开展需要一定的物质条件作依托，同时更不能缺少的是群体成员的准备，组织者要仔细选择安排骨干人员在自我教育中主动积极发挥引导、模范作用，让群体自我教育有计划、有方向地开展而不至于陷入"无计划，无主导"的境地。必要时，外在组织者还要利用其特殊身份，直接对群体自我教育进行调控和引导，确保自我教育活动按计划有效开展。

组织群体活动的过程中，要加强集体的自我教育，强化活动成员的主人翁意识和集体意识。集体组织是自我教育的主要载体。长期的组织自身建设是全体成员充分发扬民主和主人翁精神的基础，只有处在一个民主、开放和谐的群体环境中，群体自我教育的参与者才能真正发挥主体性，达到自我教育的效果。最终来讲，这还是需要群体普通成员和组织管理者共同努力才能实现。思想、道德、情感、理论、意志再好，没有被一定的人群内化，没有立足于群众，没有实现主体化，都无法成为推动个体发展的重要力量。当社会和他人的精神因素转化为集体精神因素时，才会影响和推动人的行为发展。主体内化形成的精神因素不同，形成的精神力也不同。在社会群体中，只有精神因素相同才能被大众接受和内化，进而发展成为社会群体精神动力，才能形成社会群体凝聚力和向心力，才能增强社会集体力量；相反，如果精神因素不同，社会群体会自动屏蔽和排斥精神因素的进入，产生排斥的精神动力，这就会让社会群体产生斥力和离心力。所以，正确的精神因素才能够被个体所内化，才能形成积极的精神动力，并且，积极的精神动力一定要找到相同的社会群体内化，形成社会认同和接纳的共同精神动力，这样才能促进社会的稳定和增强社会的群体的凝聚力。

四、高校社会主义核心价值观教育的育人路径

（一）文化育人路径

社会主义核心价值体系的核心基础是社会主义核心价值观。社会主义核心价值观体现了社会主义核心价值体系的基本性质，涵盖了社会主义核心价值体系的实践要求，是社会主义核心价值体系的集中凝练。

1.社会主义核心价值观的文化育人功能

（1）社会主义核心价值观文化育人的熏陶塑造功能

社会主义核心价值观具备文化熏陶功能，引导大学生在艺术审美中陶冶情操，涵养品行，健康成长为担当民族复兴大任的时代新人。换言之，社会主义核心价值观有助于校园文化氛围的营造，让大学生在良好的校园环境内，接受正确的思想价值观熏陶，帮助他们树立良好的三观，优化个人意志，坚定品格素养。人们从出生到大学再到今后的社会生活，会受到各种各样文化环境的影响，耳濡目染下发展成文化传统。多元文化对大学生有利的影响表现为：文化多元化给高校价值观教育带来了机遇。思想道德源于生活，生活是思想道德实践的土壤，给大学生的生活打上了文化烙印。

人创造环境，同样，环境也塑造人。外部环境对大学生的核心价值观塑造具有至关重要的作用。环境的优劣直接决定了在社会主义核心价值观的引导下，大学生的价值观能否正确地建立。校园是培养学生思想观念、价值观的重要场所，大学生长期处于校园环境中，耳濡目染之下，自己的思想和行为都会发生变化。熏陶教育是一种润物细无声的教学，它不是强制性的灌输，必须从营造良好的无形环境着手，发挥其"春风化雨、润物无声"的正能量。

（2）社会主义核心价值观文化育人的示范引导功能

社会主义核心价值观文化育人在社会各界具有重要的示范引导作用，国民教育、精神文化建设、文化传播、生产建设等都离不开文化育人的指引。对当代大学生积极推动中华优秀传统文化创造性转化、创新性发展，不断提高思想觉悟、道德水平、文明素养，有着积极影响。具体引导功能主要体现如下。

社会主义核心价值观是先进文化的基础，代表着文化的方向，是国家和民族最持久和最深层的力量。它体现着国家和民族的文化和精神高度，承载着一个民族和国家的精神追求，代表着一个社会体系的价值标准，是国家和民族发展的根本力量。它是中国民族的精神命脉，也是中国文化永葆青春活力的重要原因，更是大学生新思想的启蒙地，是社会文化发展的模范示例。

教师对学生的引导。教师是一种神圣的职业，是学生在成长道路上的引路人。教师肩负着为社会培养接班人的伟大使命。为此，教师要坚守为党育人、为国育才的初心使命，坚定服务中华民族伟大复兴的使命担当，甘当人梯、铺路石，以自己的人格魅力、用榜样的力量引导学生，以学术造诣开启学生的智慧之门。教师自身的道德素养是一种无声的教学力量，它能让学生自发地信赖老师，靠地近老师，并努力成为老师那样的人。

2.社会主义核心价值观的文化育人路径

（1）开展以仁爱共济、立己达人为重点的社会关怀教育

关怀的本质是一种关系，具有呵护滋养他人的含义，是促进生命成长很重要的力量，是人类的天性，也是人际关系中的一种基础。仁爱共济、立己达人的内在含义是以妥善处理人与人、人与自然、人与社会的关系为道德出发点和道德建设的终极目标。儒家的主要思想是"仁者爱人"，"仁"是一个完备的人应具备的最基本的道德品质，其本质就是"爱人"。而且，"仁者，人也""泛爱众而亲人"儒家强调仁爱首先爱亲，进而由爱亲推及非血缘之亲的众人。"己所不欲，勿施于人""己欲立而立人，己欲达而达人"从字面上是说自己所不欲的，莫要施于人。自己要站稳，才能扶起摔倒的人；自己要腾达，才能博施济众。两者也都体现了道德关怀。从思想道德层面来说，社会关怀更多的是人性化的体现，是指关注人的情感、需求、社会行为等。

（2）开展以正心笃志、崇德弘毅为重点的人格修养教育

"乃学问上精密之功夫也。修以求其粹美，养以期其充足。修犹切磋琢磨，养犹涵育熏陶也"。这是《辞源》关于"修养"的解释。修养指人的综合素质；道家的修炼养性等。"人格"是指个体在对人、对事、对己等方面的社会适应中行为上的内部倾向性和心理特征。《大学》中说："意诚而后心正，心正而后身修。"如果一个人的心正了，那么他的思维和行为都会随着心而正直起来，不会失之偏颇。《论语·子张》："子夏曰：'博学而笃志，切问而近思，仁在其中矣。'"笃志，坚守自己的志向，极广博地学习，又有一个追求的中心，这就叫"博学而笃志"。无论做人还是求学，都要从小立志，做到坚忍不拔，持之以恒，方能最终成功。"明礼知耻、崇德向善"，在华夏的历史长河中，有一种文化犹如一道霹雳，贯穿了中华儿女的思想；又似一种元素融入了中华儿女的血液；更似一盏明灯，点亮了中华儿女前进的方向，它是指对道德的爱。崇德也被列入大学的德育领域。"士不可以不弘毅，任重而道远"是《论语·泰伯章》中曾子说的一句话，意思是作为一个士人，一个君子，必须要有宽广、坚韧的品

质，因为自己责任重大，道路遥远。

由此可知，要加强对当代大学生的优秀传统文化教育，对当代青少年进行引导，使青少年从中国的传统文化中领略祖国文化的博大精深，培养民族文化的自信，树立爱国思想，为中华文化的发展做出贡献。我国优秀的传统文化，对于民族精神建设、社会发展具有较大的促进作用。而学生作为国家和民族的未来，是中华优秀传统文化的主要传承力量。在校园文化建设中融入中华优秀传统文化，对传统文化的传承和学生的培养都有深远的意义。

（二）课堂育人路径

1.高校社会主义核心价值观教育中第一课堂育人路径

（1）大学生社会主义核心价值观第一课堂育人的优势

第一，全面性教育。实施大学生社会主义核心价值观全面性教育，就要保障教育者的全面性。对于每一个特定个体而言，全面性教育都应该促进他们在各个方面的充分发展，课堂教育机制就是让所有大学生享受同等受教育的权利，当然他们在享受权利的同时也承担一定的责任和义务。然而，由于多种因素的影响，思想政治教育课程的学生上座率并不高，这还需要进一步的改进。课堂教育作为知识的有效传播路径，是系统教学的主要场所，因此，必须经过充分准备、严密组织、科学实施，才能达到事半功倍的效果。

第二，主动性教育。社会主义核心价值观一直在强调课堂上教师的主导位置和学生的主体位置。大学课堂内进行社会主义核心价值观教育，应发挥学生的主动性，并与学生的互动教育相结合，要着眼于培养学生的思考力、判断力、选择力，这是课程本身发挥立德树人作用的根本体现。

2.大学生社会主义核心价值观第一课堂育人的途径

（1）提升师资素质是关键

思政教师应该是"政治素质过硬、道德品德高尚、理论知识渊博、业务能力精湛、心理素质良好的先进群体，是学生健康成长的有力引导人"。提升教师素质是实施素质教育的关键是教师素质的提升，学生良好的素质培养首先取决于具有高素质的教师的引导和示范。教师需要具备持续学习的能力，不断更新知识结构，丰富知识储备，尤其是针对政治学习，不能满足于现有的知识和认识，要通过不断地深入学习，使自己的认识可以适应岗位需求和发展的要求，对自身所教的理论"诚教之，笃信之，躬行之"。如果教授马克思主义理论的教师自己不坚信马克思主义，那么怎能让学生信服马克思主义。所以，强化教师队伍的建设重点便是让教师从根本上接受马克思主义，并做到言行一致。此外，教师自身思想品德素质的提升也非常重要，正所谓修身立品，行动反思学习，正人先正己，教师必须以高尚的师德做学生的楷模，只有不断地学习，才能提高教师的教育教学理论水平和专业知识水平，通过言传身教的方式带动学生自主学习。教师要发挥模范带头的作用，树立积极的形象，鼓励学生养成正确的价值观。

（2）激发大学生的兴趣是必要环节

从个体方面来说，一个人的自我意识里包含了道德、信念和自我认知。心理学家认为，个人意识的薄弱，从某种意义上决定了自身的发展，进而决定了个人综合水平的提升。要想提升大学生社会主义核心价值观，必须要树立以受教育者为中心的观念，满足学生的教育需求，在课堂中真正将学生放置在主体位置，引导学生自主探索、研究并进行课外实践。教育模式上不断更新现有的教学方法，引入先进的教学理念，在备课时设计学生学习的兴趣点，以这个兴趣点导入课堂，向他们展示一个具有吸引力的求知世界，鼓励学生质疑求新，培养学生的创造思维，激发学生的学习动力，注重大学生的自我教育能力，只有这样才会获得理想的教育效果。

3.高校社会主义核心价值观教育中第二课堂育人路径

（1）大学生社会主义核心价值观第二课堂育人的优势

第一，有利于培育大学生的爱国主义精神。社会主义核心价值观教育的重要内容是爱国主义，并且，爱国主义也是中华民族的优秀传统。作为提高全民族整体素质的基础性工程，爱国主义可以引导青少年大学生树立正确的信念、价值观、理想和人生观，能够引导青少年大学生在了解祖国、热爱祖国的基础上树立报国的志向、学习报国的才能和践行报国的意志。目前，高校的爱国主义教育主要以传统的授课方式教育学生，并没有将爱国主义真实"落地"，在这种情况下，爱国主义更多是假大空、高不可攀的标语和口号。虽然，这种死板、传统的教育方式在短时间内可以把相关的内容传达给学生，但是最终很容易造成学生对爱国主义教育产生逆反心理和厌烦情绪，无法达到真实的教学效果。相较于传统的教学方式，第二课堂教育的形式多种多样，教学内容充实丰富，能生动形象地表现事物，产生强烈的刺激，由此激发学生的爱国情怀。大学生对事物的认识通常是由近及远、由感性到理性、由具体到抽象的。节日的欢庆盛况、山河的壮丽以及家乡的美好建设都能激发他们的爱国情意。

第二，有利于培育大学生敬业精神。"作为社会主义核心价值观中的重要范畴之一，敬业具有时代性和继承性的统一，具有普遍性与行业性的统一，对于今天有着重要的价值和现实启示。敬业精神的发生需要认知与认同共同作用，精神和物质共同驱动，舆论和示范相互结合，道德和法治相互制约，把握敬业发生的机制和过程，有助于敬业精神'内化于心，外化于行'"。敬业精神又包括乐业爱业精神、奉献勤业精神和创新敬业精神。敬业需要公民敬重和热爱自己的工作，并将这种敬业转化成工作的不竭动力，热爱自己的生活、集体、社会和国家。对于高等学校来说，培养大学生的敬业精神是一项非常重要的任务，并且，敬业精神也是社会主义核心价值观教育的重要组成内容。对于大学生来说，敬业就是敬爱学业、敬爱正在做的事情、敬爱未来的事物。第二课堂教育的特点鲜明，有利于大学生学习敬业精神。

（2）大学生社会主义核心价值观第二课堂育人的途径

第一，科学设计第二课堂内容体系。

第二课堂需要进行整体经营和设计，因为第二课堂是培养大学生综合素质的重要载体，是高校培养人才的重要组成成分。第二课堂教育需要结合社会主义核心价值观的内涵，在建设第二课堂教育体系的过程中，应该根据保障体系、评价体系和内容体系建设以学校为统筹、以学生为主体、以专业为载体、以院系为中心的教育体系。

对于青少年大学生来说，大学阶段是培养学生思想观念和道德观念的重要阶段。思想道德修养的基础是思想道德建设，重点是爱国主义教育，核心是理想信念教育，第二课堂活动的优势是可以贴近学生、贴近生活、贴近实际，除此之外，第二课堂活动还可以培养学生的思想素质、政治信仰、敬业精神和道德修养。第二课堂活动主要包括关于"中国梦"的党团组织活动、业余党校团校活动、报告形势政策以及主题教育等，通过这一系列的活动，可以引导学生形成正确的价值观念，并将学到的理论知识转化为实际行动。对于各大高校来说，应该积极充分地发挥高校的人才优势和智力优势，将学生的社会实践活动与专业学习、创新创业充分结合，可以组织学生积极参与"三下乡"的志愿活动，让大学生能够在社会实践活动中长才干、做贡献和受教育，不断牢固大学生的社会主义核心价值观。

保障大学生健康成长成才的重要依据是促进大学生身心和谐发展，培养学生良好的人文素养和审美情趣的重要载体是文艺活动。高校应该加强大学生的文化素养教育，组织开展丰富多彩的比赛和活动，比如文艺演出、体育竞赛、心理辅导等有利于大学生身心健康的活动。在文化教育活动中，将美育、德育、智育和体育有机整合，不断弘扬高雅的文学艺术，由此提高青少年大学生的审美素质。在教育活动中，应该引导学生将社会主义核心价值观付诸实践。高校第二课堂的重要组成部分是社团活动，社团活动可以实现大学生的自我管理、自我教育和自我服务。学校的社团活动应该从学校的全局出发，明确第二课堂的属性和社团活动的定位，着重挖掘学生的内在潜能和提高学生的综合素质，激励大学生积极开展丰富多样的社团活动，通过指导大学生参与社团活动，丰富大学生的内心世界和鼓励大学生积极挖掘和发挥自身实践能力，培养和践行社会主义核心价值观。

第二，拓展延伸第二课堂教育空间。

积极争取社会的大力支持。在地方组织领导的支持下，可以为大学生开展第二课堂教育活动提供更多的社会教育资源。

开拓校外教育活动基地。充分挖掘爱国主义教育资源，积极开辟校外的第二课堂活动基地。第二课堂主要的开展形式多以活动为主，组织开展活动最重要的就是场地的选择。在每个高校都有很多可以开发并应用的爱国主义教育资源，这些资源大多是与学校联动的，能够为开展爱国主义教育提供便利，这些资源具有距离近、花费的时间成本和金钱成本低、人际关系熟等独特的优势。

（三）实践育人路径

1.高校社会主义核心价值观教育中实践育人遵循的基本原则

（1）目标性原则

目标的本质意思是射击、攻击、寻求对象，现在多指个体、组织在固定的时间内所达到的预期。高校实践的育人活动目标指在现代教育理念的指引下，根据学生的发展规律和教育规律，由教师进行指导，指导学生积极参与实践活动，在参与实践的过程中不断提高自身的综合素养和促进自身的全面发展。目标的设定可以为实践活动指明方向、树立旗帜，高校的实践育人活动在组织和设置的过程中应该坚持目标性原则，紧紧围绕实践育人的总目标，明确实践活动的形式和内容，并将总目标拆分成不同的分目标，高效有序地开展实践活动。

（2）主体性原则

学生在传统的教育模式中，基本处于被动接受知识的状态。实践育人教育观与之完全不同，实践育人教育观注重培养学生主动、积极参与实践活动的兴趣，学生是实践活动的主体，学生可以在实践活动中不断完善自我、发展自我和教育自我，教师在实践活动中属于指导地位。组织开展实践活动的目的就是帮助、引导学生获得知识和进一步将理论知识付诸实践。不管是在实践活动中获得理论知识还是利用理论知识支撑实践，都需要激发学生参与实践活动的积极性，都需要发挥学生的主观能动性。其原因在于不同的主体对事物的认知和理解不同，需要个体形成属于自己独有的认知架构，在构建这个认知架构的过程中，需要不断发挥个体的主体性。所以，在实践活动中，主体性原则的意义重大。

2.高校社会主义核心价值观教育中实践育人的根本途径

主体与社会存在必然联系，主体离不开社会，在形成核心价值观的过程中，主体都是会在接受自身已有的核心价值观的基础上，结合自身实践不断完善和形成自己的价值观。实践的过程就是建立核心价值观的过程。所以，对于形成大学生的核心价值观来说，最重要的就是实践育人。

（1）实践使大学生理想与现实、理论与实践得到统一

第一，积极调动主体的自觉性和自主性。在进行实践教育的过程中，教师应该引导学生参与有意义的实践活动，帮助和引导学生构建适合学生自身的核心价值观，不断提高学生的内在品质，除此之外，教师还应该拓宽学生参与实践的途径，把践行社会主义核心价值观付诸实践。实践教育的形式也属于学生的自我教育，实践教育活动的开展离不开学生的自主性。大学生对实践教育的认知程度和自觉性等，直接影响大学生践行社会主义核心价值观的实效性。

第二，提高学生主动参与实践的目的性。实践活动的有效开展除了受学校的影响以外，也会受到家庭和社会诸多因素的影响，在具体实践的过程中，他们很

有可能会遇到挫折和困难。因为社会实践并不具备自发性，所以，教师应该发挥好主导作用，突出强调实践活动的目的性，设计和控制好实践活动，并且，针对不同的人群，教师应该根据个体的实践需求制订不同的实践目标，进而更好地发挥实践教育的效果。学生作为活动的主体，应该正确认识和实践教育活动，有选择地参与实践活动，实现实践活动的目的性。

（2）打造专业实践平台，注重大学生能力培养

大学生除了不断学习理论知识之外，还需要不断提高自身的专业实践能力，因此，高校应该开展多种多样的专业实践活动，为学生打造一个专业的实践平台，以此增强学生的专业实践能力。专业平台的打造势必离不开学生的专业知识能力，高校实践活动的设置应该注重校内和校外的联动，着重培养学生的专业实践应用能力。这项工作需要做到以下几点。

第一，在增强学生专业实践能力的基础上，设置勤工助学岗位。勤工助学可以加强学生的劳动技能训练和劳动观点教育，不断提高教育的质量，培养全面发展的新一代社会主义建设者和接班人，并且，勤工助学还能促进教育改革，有助于发展我国的教育事业。因此，勤工助学岗位的设置主要是为了服务教学，并坚持育人为本的教学理念。勤工助学一定要立足于专业实践，例如，可以有针对性地设置具有专业性、技术性、服务性的岗位，进而更加有效地提升学生的实践能力。

第二，建立以专业为基础的公益性社团。建设具有公益性和专业性的社团可以让公益实践活动更具有针对性和有效性。为了更好地彰显社团的有效作用，应该加强与其他高校社团的联动，取长补短，促进本校公益社团活动的有效发展，还应该加强和社会公益社团的链接，不断完善本校公益社团活动的内容和形式，不断促进社团的长期、有效发展。

第五章 微时代高校社会主义核心价值观培育的融合机制

微时代高校社会主义核心价值观培育的融合机制，使社会主义核心价值观内化到大学生日常言论与行为当中，实现其价值引领作用。本章对微传播与主渠道融合、微叙事与宏叙事结合、建设知行合一的激励机制进行论述。

第一节 微传播与主渠道融合

一、微传播体系是落实的重要载体

在新媒体高度发达的信息化时代，大学生的生活方式、信息接收习惯发生了重大改变，以微信、微博、微视频等为代表的微传播体系，对大学生的影响力与日俱增。要将社会主义核心价值观落细落小落实，借助微信、微博等新媒体平台，实现内容、形式和载体的变革，这是新时期社会主义核心价值观培育的重要环节。"社会主义核心价值观落细落小落实，不但要与人们的日常生活紧密联系起来，而且要找准人们情感的共鸣点，在相互交流互动、探讨沟通中做到让社会主义核心价值观内化于心入耳入目，外化于行入言入行，感化于情入心入脑。"[①]

（一）重构信息传播生态，实现全覆盖传播

微传播是传播能力最强、触角延伸最广、对大学生影响最大的传播模式。

---

① 颜隆忠."微传播"推动社会主义核心价值观落细落实落小研究——以福建师范大学官方微信为例[J].福建师大福清分校学报，2017（04）：44-48.

微传播体系借助手机等便携通信工具，改变大学生的表达方式、表达内容以及行为方式，创造新的传播模式，形成新的网络公共空间，实现从传播主体、传播方式、传播内容到传播环境的全面变革，构建了新的信息传播生态。

在微传播体系中，普通人拥有发声媒介与发声空间，基于以兴趣或地缘、业缘、学缘为依托的朋友圈，形成了具有全新动员和组织机制的分众化传播模式，也使得微传播体系具有广泛的动员能力和超强的渗透能力。

微传播体系的形成，构建了全覆盖的新网络，这一网络将人们的生活、社交、情感紧密连接。大学生无时不"微"、无处不"微"的生活方式，使得微传播体系成为其全天候的信息接收器和交换器，也成为社会主义核心价值观可以利用的重要传播载体。

社会主义核心价值观落细、落小、落实，就是要把社会主义核心价值观与大学生的日常生活紧密联系，以点滴浸润的方式，通过庞大的传播网络直接渗入大学生的生活，使社会主义核心价值观的影响像空气一样无处不在、无时不有。

（二）营造"个体在场"，实现精确化传递

微传播指的是精确化程度非常高的传播，它的内容、介质以及受众都是精确化的，内容虽然篇幅比较小，但是表达的含义非常准确，而且，图文结合非常符合当下大学生对传播信息的需求，内容也相对亲和，可以说微传播的出现让社会主义核心价值观和大学生真实的生活有了更加亲密的联系。通过这种精准的传播，宏大的命题可以被分解成更为细致的内容，伟大的命题变成具体化的了，也变成生动形象的了，可以说学生能够感受到更加真实的信息，情境自身的代入感明显变得更强，学生感觉自己在接受一场亲身参与的生活化教育。

微传播发生在特定的区域或者特定的组织当中，所以，它的针对性更强，传播内容和传播对象之间有紧密的联系，在一个相同的虚拟空间当中，人群之间会进行更高频率的交往，在信息大量传播的社会，信息传播也会体现出鲜明的社交属性，也就是说，这样的传播是群体性的，是相对聚合性的。在这样的空间当中的人们会有相同的记忆，会建立共同的情感连接，微传播会选出人们身边的典型模范，会从人们的周围选出先进人物，通过树立典范的形式引导更多的人践行社会主义核心价值观。可以说，通过微传播的方式，理论更好地传播了，也更好地解答了人们对于社会主义核心价值观方面的疑惑。

二、微传播与主渠道融合的重要性

在网络化迅速发展的时代，教育必然会变成全程的、全方位的，也就是说，人要进行终身学习，对人的培养也是全面的。社会主义核心价值观教育也是一样的，它要实现线上和线下的全程覆盖，要打破之前时空对教学的限制，要为学生提供更多的教育形式，要让所有的教育方式紧密配合，形成社会主义核心价值观教育的合力。

微传播体系有鲜明的自媒体特征、融媒体特征，但是，它也存在一定的不足之处，消息的多项传播可能会导致主流价值消解。

除此之外，微传播内容是碎片化的，没有体现出较高的内容深度，不同的内容之间比较零散，没有体现出逻辑性。所以，微传播需要配合高校开展的思想理论课，而且是以高校的思想理论课为主，因为高校思想理论课可以对社会主义核心价值观的内涵做系统的、深度的解读，所以它们的结合弥补了微传播体系的不足之处。

三、微传播与主渠道融合的着力点

构建微传播与主渠道融合的高校社会主义核心价值观培育模式，需要在以下三个方面实现深度融合。

（一）深化开拓社会主义核心价值观的内涵

深化开拓社会主义核心价值观需要让学习对象了解社会主义核心价值观的具体内涵，在此基础上，创新当前获得的既有成果，促进既有成果的完善优化。

想要构建出立体内容体系，那么，首先要从学理的角度入手分析，明确具体的内容，将基本内容分成三个不同的层面；其次，要对内容进行扩张，让内容变得更加灵活、更有张力，让理论显现出更多的弹性特征，有更强的解释力。

把线性片段转变成多点重复，让核心内容可以得到深入强化。微传播和主渠道的核心价值观教育进行结合除了从确定性角度分析社会主义核心价值观之外，还要对核心价值观的内容进行变化式的重复、连续形式的重复，这样才能让社会主义核心价值观内容有更高的曝光程度，有更强烈的存在感觉，只有这样才能引导社会公众去践行核心价值观当中的要求。主渠道在讲解社会主义核心价值观的时候是按照核心价值观的主线不断推进的，注重于理论层面的内涵分析、功能分析，主渠道也是学生学习核心价值观时依赖的理论支撑。主渠道解读会把社会主义核心价值观的价值倾向转化成社会具体需求，通过主渠道的解读，学生可以对社会价值观遵循的科学逻辑、科学内涵有更深入的了解，学生可以明白其所以然。但是，这样的主渠道教育方式会受到课时的限制，所以，很难对讲解过的内容进行重复讲解。

但是，微传播体系不同，它对同一个内容进行的重复表达可以让学生对核心价值观有更深入的理解，可以让学生更加认同核心价值观当中的理念，而且，微传播体系和生活的联系比较紧密，和社交媒体的融合比较深入，所以，它可以让社会主义核心价值观的传播有更鲜明的情感特征，当微传播和节日庆典热点事件进行结合之后，它就可以顺利地把不同的人群结合起来，可以说主渠道和微传播之间的结合为社会主义核心价值观提供了更多形式、更多层次的传播方式，形成了更立体的传播格局。

（二）形成稳定融合的长效机制

高校开展社会主义核心价值观教育的时候要做到课堂和日常生活教育的结合，要发挥日常教育的具体作用，让日常教育可以辅助课堂教学，也就是做到理论和实践之间的结合、课堂和网络教学之间的结合，做到第一课堂和第二课堂之间的相互辅助，为学生提供多种多样的学习方法、学习方式，建设出更高效的思想理论课程教学体系，打造出课堂和网络互相帮扶的思政教学格局，让社会主义核心价值观的多个培育端口可以实现顺利对接，正式形成思政教育的大格局。

第一，打造深度融合平台。社会主义核心价值观的教育需要从教室当中延伸到课堂之外，需要利用当下非常便利的移动终端进行核心价值观的继续教育，比如说，可以将教学和手机程序、手机软件或者其他开放平台进行连接，让学生可以利用手机或者电脑这样的移动终端进行实时学习。

当下主渠道和网络技术的结合还不符合教学改革提出的要求，也没有办法满足学生的学习需要，所以，微传播和主渠道进行融合的过程中，需要高效推进平台建设，推进程序开发以及软件应用。

第二，师资队伍加速融合。社会主义核心价值观教育过程当中人是至关重要的教育因素，当前的高校社会主义核心价值观教育由不同的部门掌管，主渠道教育和微传播教育使用的管理方式也是不同的，所以，当下的重点是推动这两个教育师资队伍的融合。

第三，健全主渠道和微传播之间的切换激励机制。主渠道和微传播之间融合了教师管理者和学生，特别是要让学生真正有把二者融合起来的积极性，让学生真的积极加入二者的融合。

要加速二者的融合应该在主渠道考试过程当中添加学生网络学习的内容考核，添加学生社会主义核心价值观实践内容的考核，创新之前的评价体系，让课程评价更加关注学生的学习过程；而且评价主体也应该更加多元化，除了思政教师之外，也应该加入辅导员的考核内容；评价方面应该侧重于学生在课堂当中的学习表现以及学生在网络当中的言行举止，真正地从学生知行合一的方面出发对学生进行评价；而且，要针对微传播体系学习建立激励机制，比如说可以设置积分，当学生积极进行网络学习之后会获得一定的积分，积分可以等比例或者按照一定比例兑换成学生主渠道的学习成绩；除此之外，也可以设置精神奖励，表彰微传播学习当中的积极分子。

社会主义核心价值观教育不仅涉及理论思维，也涉及具体的实践活动，而且，想要真正取得效果必须积极践行相关的价值观念，只有在细小之处落实价值观，只有将价值观和生活真正地联系起来，才能让价值观在实际生活当中发挥作用，才能真正触动大众的心弦，才能真正教化大众。

总的来看，在高校进行社会主义核心价值观的教育必须结合主渠道和微传播，只有做到理论教育和日常生活的真正结合，做到理论和实践的有机统一，才能让学生真正从情感上接受核心价值观教育，从理论上认可核心价值观的内涵。所以，主渠道和微传播之间要建立联合机制，充分激发学生主动参与社会主义核心价值观的积极性，让学生真正成为网络正能量的缔造者、传播者。

第二节　微叙事、宏叙事与图像叙事

微叙事以较短的时间、较小的空间，聚焦鲜活的故事场景和精练的意义表达，具有立意微、故事小和距离近的特点。微传播体系关注个体的诉求，从个体喜乐的角度去感知社会、理解世界，能够稀释理论性，以身之所历和目之所见来增强社会主义核心价值观的亲和力。

宏叙事是在宽广的历史脉络和国际视野中讲述宏大的国家命题和人类故事，

具有立足点高、视野宽、内容宏大的特点。对社会主义核心价值观本质和目标的解析，要将个人定位于社会关系中，以理论的高度和逻辑的严密突出其超越性和引领作用，使大学生对社会主义核心价值观形成严谨和准确的认知。从培养目标定位和确保传播内容的理论性的方面来考量，思想理论课这一主渠道的作用无可替代。

一、微叙事与宏叙事结合的策略

（一）利用利益点调动学生学习积极性

利益点指的是可以打动对象的某种激励或者某种好处，对于大学生来讲，他们的利益点可能是分数，可能是学习当中的成就感、学习的愉悦感，或者是奖学金，也有可能是想要自我实现的信念。对于所有的利益点来说，及时的、能够感受到的、并且具体的、形象的更能够打动利益对象的心。

在这样的课程当中，大学生基本是被动地接受知识教育，但是，微传播不同，它能让利益点前置，它可以让大学生感受到更加真实的激励。微传播体系主要是通过实际案例、真实的生活事件激发学生去学习，去贯彻落实社会主义核心价值观理论。比如说，很多学校会在期末考试的时候宣传诚信考试，也有很多学校会在毕业季来临的时候宣传与校园集体记忆有关的内容，这些宣传更贴近学生的生活实际，能够对学生产生潜移默化的影响，可以让学校范围内的学生拥有相同的记忆，可以让学生有更强烈的集体认同感或者集体归属感。

（二）强调精准"滴灌"，实现价值引领

微传播体系非常注重精准"滴灌"。大学生在表达日常喜好、事件看法的时候，代表的是他自身的价值取向，微传播体系的优势在于它可以通过真实事例让大学生表达自己的情感认知，表达自己的观点，并且可以通过具体事例的方式精准地引导大学生形成正确的价值观念，而且主渠道当中的思政课程也对大学生提出了明确的践行社会主义核心价值观的要求。它指出大学生应该以自己的方式来表达自己对社会主义核心价值观的认同。

学生在参与微传播活动、微传播对话的过程中，会在网络当中形成一股积极的正能量，这种参与形式有效地补充了主渠道教学当中实践不足的短处，可以让

国家提倡的社会主义核心价值观内化成大学生的自觉行动，微传播不仅可以检查理论教学的教学效果，另一方面也可以作为理论课堂教学的辅助，可以说，微传播和主渠道是相互辅助、相互印证的。

二、高校思想教育叙事话语创新发展

下面以消费主义为基础，以思想教育为主要渠道，对微时代高校社会主义核心价值观培育叙事话语创新发展进行论述。

（一）消费主义的非主流意识形态

消费主义的生活方式是：不断地满足被激发的或者被制造出来的消费欲望，让消费者达到自己的消费目的。当下大学生的各种消费活动显现出了一些消费主义意识形态，从这一点可以看出消费主义意识形态正在向大学生的思想意识进行渗透，这样的渗透方式是非常隐蔽的。

因为网络和手机设备的快速普及，消费主义也开始向人民群众的日常生活快速渗透，虽然消费主义没有直接针对中国政治，但是，它从更深的层次向人们的生活渗透，为人们灌输消费主义思想，这使得很多大学生都受到了影响，这不利于大学生意识形态的正确养成，对于这种隐蔽的影响，需要通过教育的方式把它消解。

对于意识形态来讲，无论它是否是社会主要意识形态，它想要发挥作用就要必须借助于传播。传播受到叙事话语的深刻影响，在进行社会主义核心价值观的教育过程当中，使用的也都是叙事话语，以此来实现教育目的。所以，如果意识形态想要发挥作用，那么必须要熟练地、高效地使用叙事话语。具体来讲，叙事指的是人类利用语言或者利用其他传播媒介对之前发生过的事件进行重新讲述或者再现的过程。

高校思想政治教育课程的开展把语言作为中介，它可以将思想政治教育内容重新叙述出来，并且可以在叙述的过程中向学生传递社会主义核心价值观念，在不断地叙述过程当中，价值观念也会对学生产生潜移默化的影响。在这种正确的影响下，大学生会形成正确的人生观念，在分析高校思政课程的叙事话语之后，微传播思想政治教育的开展也可以使用叙事话语作为新的教育思路。

（二）微时代高校思想政治教育叙事话语路径创新

1.叙事话语内容创新

消费主义思潮既有好处也有坏处，高校思想政治教育在面对消费主义思潮的时候，应该做好准备迎接挑战，与此同时也可以借助这一机遇引导学生正确认识消费主义思潮，避免消费主义思潮的消极影响。具体来讲，面对消费主义思潮的时候，可以运用叙事话语内容的开放性、叙事话语内容的情感性以及叙事话语内容的现实性开展创新。

第一，叙事话语内容具有的开放性特权。社会当中一定会存在多种意识形态，所以，高校思政教育过程当中不能对消费主义文化思潮全盘否定，在解决消费主义意识形态带来的不良影响的时候，高校也应该认可消费主义意识形态当中的合理部分或者是相对优秀的部分，在此基础上去解决它的不良影响，在这个过程当中要始终把社会主义核心价值观当作主导意识。首先，在批判的过程当中也吸收消费主义文化思潮的优秀部分，让优秀部分可以促进高校思政的发展，为高校思政教育提供更多的丰富内容；其次，要了解更多有关消费主义意识形态的信息，而且是动态的信息。在加强分析的过程当中，可以研究消费主义的真正内涵，可以引导大学生正确认识消费主义意识形态，可以引导大学生建立起以社会主义核心价值观为中心的一元化主导意识形态。

第二，叙事话语内容具有的现实性。社会主义核心价值观是为了满足社会大众的利益诉求，所以，社会主义核心价值观当中的内容和现实生活是有紧密联系的，相应的，社会主义核心价值观意识形态理论也不是单纯的说教工具，它的内容体现了很多方面的现实性。首先，高校在开展思政教育的时候要真实地联系大学生当前的实际生活，整理和大学生实际生活有关的话语材料、话语内容，这样在进行思政教育的时候才能使用更多和大学生有关的话语元素，才能引导大学生在日常现实生活当中养成正确的消费观念；其次，高校思想政治教育理论要真实地帮助大学生解决实际生活问题，思政教育的开展要追求教育元素和大学生话语之间的共鸣。

第三，叙事话语内容具有的情感性。人的本质是社会性，人在社会当中生活会存在利益诉求、情感诉求，所以，社会主义核心价值观想要得到民众的积极认可，就要满足民众提出来的物质诉求以及情感归属诉求。

叙事话语内容具有的情感性可以有效帮助社会主义核心价值观构建自己的一元化主导地位。具体来讲，叙事话语内容情感性应该关注以下两个方面：首先，了解大学生对于消费主义的真实看法，关注大学生的内心世界，帮助大学生梳理消费主义给他们心理世界带来的杂乱，让大学生可以利用思想政治教育叙事话语构建平和稳定的内心世界；其次，应该关注大学生对于消费的情感倾向，教师可以利用情感关怀的方式引导大学生正确认识消费观，让大学生的内心可以不受消费主义弊端的影响。

2.叙事话语载体创新

消费主义文化思潮想要真正渗透到大学生的日常生活当中，那么需要叙事话语载体提供支持。微时代条件下，高校思想政治教育想要获得好的成效，那么需要创新叙事话语载体，创新当前思想教育的传播介体。

第一，思想教育叙事媒介需要优化。消费主义之所以可以在中国快速传播是因为它借助了人际传播以及大众传播两个媒介，随着网络技术的普及，大学生开始利用手机等移动终端网上冲浪，这为消费主义意识形态的扩散提供了更为便利的条件，大学生也开始接触到消费主义意识形态。面对消费主义意识形态对大学生思想价值观的侵蚀，高校应该积极创新，积极利用信息网络，利用虚拟空间，利用信息技术创造的传播媒介去积极开展思想政治教育，让主流意识形态占领舆论的高地，在互联网当中形成一种抵制消费主义意识形态的互联网氛围，并且在此基础上积极推广社会主义核心价值观意识形态。

第二，使用拟像时代大众传媒叙事话语的新形式。消费主义意识形态想要真正展现它的作用，需要借助于消费话语的生产环节以及传播环节。大学生的价值观念更多地受到网络的影响，消费主义也是通过网络的方式来掌握话语权的。借助于网络，它得到了快速的传播，并且成了当下社会当中的重要意识形态。分析这一过程，高校思想教育的发展可以得到启发，高校思想教育也可以通过网络作为叙事话语的方式，也可以借助于大众传媒话语的优势提高思想政治教育的实际效果，这也是思想政治教育和大学生拉近距离的一种途径。所以，拟像时代高校思想政治教育在叙事话语的选择方面也需要综合拟像时代的特殊话语资源，然后经过分析探索整理归纳之后，选择有利于社会主义核心价值观念传递的话语作为思想政治教育使用的叙事话语。在拟像时代下，思想政治教育的叙事话语不能再使用之前比较粗糙、过于注重说教的叙事话语。

三、图像叙事

图像即普通意义上的可视图像，指人们应用技术手段塑造、描摹、复制、摄制、创造的直观形象的物质形态的视觉形象，包括绘画、雕塑、卦象、工艺品、照片、广告、动漫、影视、短视频等多种图像形式，经历了由静态向动态、由单一向综合的演变过程，图像内容日益丰富多样。图像叙事在一定程度上已成为一种逻辑表述和思维模式。

（一）图像叙事的特征与表现形式

1.图像叙事的特征

（1）空间时间化

空间时间化是图像叙事的本质特点。图像的空间时间化就是将图像这种已经化为空间、去语境化的时间切片，通过反映或暗示出事件的运动而重新纳入时间进程中，恢复或重建其语境，进而实现叙事目的。图像的空间时间化使图像叙事成为可能，深入理解这一本质特点，需要从三个方面来把握。

第一，图像是空间里的事。图像作为时间切片其时间性是客观存在的，然而这种时间性通过空间性来表现，是一种以空间的形式表现出来的时空统一体，更突出其空间性，因而说"图像是空间里的事"。

第二，叙事是时间里的事。叙事及其所述"事件"必然占用一定的时间和空间，因而具有时间性和空间性，只是叙事作为一种单线程的活动，更突出其时间性，这与它使用何种媒介没有关系，任何叙事媒介都要遵循一定的时间进程，图像也不例外。

第三，空间时间化实现图像叙事目的。发挥图像的叙事功能，就要将"空间里的事"重新纳入时间进程中，对于单幅图像来说，可以通过发现或绘出其中"最富于孕育性的顷刻"的方式，而对于系列图像来说，则可以利用人的"错觉"在图像间形成某种时间关系、因果关联或内在逻辑的图像序列，如电影、电视、视频等动态画面都是这种形式，从而实现图像空间的时间化。这也表明，并不是所有的图像都可以叙事，只有能够"模仿"动作或进入时间流程中的图像才能叙事。

（2）视觉直观性

视觉直观性是图像叙事的形式特点，也是其最突出、最显著的特征。说到叙事，一般首先想到的是文字表述或声音传达的东西，通过"读"或"听"实现对"形象"的想象与理解，是一种间接认识世界、把握世界的方式。

图像叙事则以视觉形象为基本媒介，将事件的人物、时间、地点等要素用具体的"形象"直接展现，诉诸"眼睛"这一感官，通过"观看""凝视"的视觉方式达到传情达意的目的，所体现的即视觉直观性。在追求现代化的进程中，图像的视觉直观性迎合了当下人们快节奏的思维与阅读诉求，使获取信息方式由"思"变为"看"，不仅节约了"注意"和思考时间，也契合了人的"感性——理性"的认知习惯，拉近现实生活与观看者之间的距离。然而这种视觉直观性也使一些人沉迷于"视觉狂欢"与感官刺激，影响了人们深度思考以及理性思维能力的养成，尤其是图像的"永远在场"性将"语言"置于附属的注解地位，长此以往，容易致使人罹患"失语症"，这也成为"图像时代"最大的困扰与担忧。社会主义核心价值观作为一种高度抽象化的理论体系，利用图像叙事进行传播的同时，应时刻警惕这种视觉直观性带来不利影响。

（3）理解多义性

理解多义性是图像叙事的话语特点。与精准、无歧义的文本叙事相比，图像叙事的话语则表现出不确定、多义（歧义）的特性。图像空间的同场性、同步性与同时性特点赋能图像携载立体、多维、多层次的信息，使图像的意指具有虚指性，同一受众可以从不同视角、不同维度、不同层次来阐释与理解图像意旨，从而使图像叙事具有多义性。

不同受众对同一幅图像也会产生不同的理解，这主要由图像去语境化、时间的非连续性所决定。他们将图像与自身独特的生活阅历、实践经验、价值观念、社会环境等融合在一起综合构思，将图像纳入不同的语境或时间进程，从而呈现不同的意义。图像叙事的多义性虽然不利于信息的精确表达与传递，却带来受众的接受优势，不同社会阶层的受众群体可以通过图像所延伸出的思想或价值，引发人的心理共鸣和精神共识，从而强化社会认同感。

（4）主体大众化

主体大众化是图像叙事的文化特点，图像叙事就是当今社会的一种大众文化，主要表现为图像叙事主体的大众化。图像叙事者呈现大众化。大众传播时代图像不再是画家、摄影师、雕塑家、设计师等专业人士的专属特权，各种摄像技术、制图软件等使人人都可以是图像"作家"，尤其在媒介技术的加持下，传播媒介日益家庭化、个人化、生活化，甚至已成为当代人的生活方式，人们只要拥有一台电脑或一部手机，就可以通过美图秀秀、抖音、快手等软件制作各种静态或动态图像作品并通过网络进行分享，用图像的形式表达自我、传播信息与传递思想。

图像受述者表现为大众化。图像作为一种与理性的文本符号不同的感性符号，是对现实世界的复制或临摹，浅显易懂、贴近生活、靠近大众，人们不需要经过系统的学习就能够把握和理解其意义，突破了文字叙事受众的局限性，打破了界限，实现图像叙事大众化。

2.图像叙事的表现形式

（1）静态图像叙事

静态图像叙事是指通过相对静止、无变化的图像进行叙事的方式，其表现形式主要包括绘画、照片、漫画、海报等。由于静态图像叙事通常通过一幅单独的图像进行信息的表达，所以也被称为"单幅图像叙事"。静态图像作为一种空间化的时间切片，脱离了现实世界的语境和时间流，是对现实或想象世界的复制与再现，具有去语境化、非连续性的特点，所以其本身并不能叙事，其叙事功能的实现需要主体根据自身的经验、记忆或想象，将瞬间图像与脑海中的图像序列进行重新组合，将其纳入特定的语境和持续的时间流，实现理解、获取图像信息的目的。静态图像从手工绘画发展到摄影，虽然图像模仿技术产生了翻天覆地的变化，但并未突破图像叙事本身的局限性，在动态图像叙事方式出现之前，图像的叙事功能依然需要依靠主体的积极参与，才能激发主体的想象或记忆从而实现叙事目的。

静态图像叙事可以是单一场景图像叙事，也可以是多个事件并置于同一图像空间的多图像叙事。单一场景图像叙事通常对故事中"最富于孕育性的顷刻"进行临摹或记录，目的是暗示故事发展的前因后果，从而达到叙事的目的。

多图像叙事即把整个故事中发生于不同时间、不同空间最重要的事物并置在一幅图像上，就像一个纲要，它是在单一图像叙事基础上，利用图像组合形式，形成具有表述先后时序的叙事结构，其叙事性明显要强于单一图像的叙事性，漫画就是最典型的多图像叙事形式。当今社会生活中，运用静态图像讲述故事的事例不在少数，如国家博物馆中用绘画、纪念物等"以图说史"，向人们讲述历史故事、以史鉴今；地铁上的文明宣传漫画，用漫画的形式告诫人们文明乘车，引发人们对文明行为的思考。

（2）动态图像叙事

动态图像（也称视像）多以影像形式展现，是运用电影、电视、纪录片、微视频、宣传片等动态图像形式进行叙事的方式。动态图像通过图像复制、拼接、摄像、蒙太奇等技术手段将时间和空间相融合，弥补传统图像时间性的不足，将共时性叙事与历时性叙事相结合，把图像叙事水平提升到历史新高度。电影是最早的活动图像，由于它的出现"人类首度发现留取时间印象的方法"。

图像获得前所未有的叙事能力，随着图像处理技术的发展，电影逐渐从黑白发展为彩色、从无声发展为有声、从无配乐发展为有配乐，丰富了动态图像叙事的表达和视觉感受。影视作品通过摄像机将现实中的影像记录下来，使影像语言包含的信息真实而丰富，克服了语言文字的抽象性，使只能通过大量文字、语法、修辞等方式来表述非线性，叙述直观、形象而生动地呈现在观众面前，将人同人、人同物、人同世界的关系通过动态影像呈现出来，把"人"从抽象的文字符号中解放出来，满足了人们"眼见为实"的期待。

随着电视、电脑多媒体等电子化传媒的出现，影像的应用也越来越广泛，人们运用影像图像开展商业广告、休闲娱乐、文化教育等，将图像叙事应用范围扩展到社会生活的方方面面，图像叙事功能得以释放，并逐渐占据当代社会叙事格局的主导地位。尤其是进入大众传媒时代以来，影视艺术的图像叙事逐渐还原为日常生活的真实记录，人们更愿意用动态图像的形式记录生活、分享生活，各种纪录片、宣传片、短视频、微电影等，沟通交流呈现图像化，动态表情包、视频电话、网络直播等在人们的日常生活中时时上演，图像叙事已成为人们日常生活、工作、社会交往的一部分。

纵观整个动态图像的发展历程，也是图像叙事功能的提升与释放的过程。动态图像结合语言文字进行叙事，突破了语言文字叙事的局限性，通过综合性的表达方式和表现形式，直观展示隐藏在语词中的人类经验，直达文字叙事所不能达之意，这也是图像叙事的魅力所在。

（二）社会主义核心价值观的叙事传播

1.图像传播的优势

图像是对现实生活的模拟与复制，与日常生活联系密切，其直观、生动、形象的特点在社会主义核心价值观传播过程中表现出比文本叙事更突出的优势。

（1）图像传播比文本传播受众范围更广

语词构建话语，话语建构文本。图像作为人类对世界最原始、最直接的认知方式，是人类最通用、最基本的"语言"，其生动、直观的视觉形象更容易被大众理解和接受。应用图像叙事传播社会主义核心价值观，可以突破文本的"精英"限制，使其在不同肤色、不同语言、不同社会背景的人之间进行传播，实现"雅俗共赏"的传播效果，成为一种更便于服务大众的文化形式，扩大受众群体的覆盖范围。

（2）图像传播比文本传播吸引力和感染力更强

宣传思想关键是要提高质量和水平，把握好时、度、效，增强吸引力和感染力。图像是客观世界的"影子""替身"，通过生动、鲜活的人物形象和场景，给人以美的享受、视觉的盛宴，激发人的认知兴趣，也因此有学者将图像称为"可悦"的符号。然而这种"悦"是"身之悦"，这种"秀而不实"的愉悦会带来一定的负面影响，尤其在传播社会主义核心价值观的过程中，更要加以警惕。

（3）图像传播比文本传播影响力更大

图像叙事传播能够弥补文本传播的缺陷，能够深入人们的日常生活，通过激发情感、意志和信念促进知识向实践转化，提升其影响力。尤其在移动互联网和新媒体技术的加持下，图像样式日益多样化，其表达方式也更具体、更鲜活、更真实，短视频、直播等图像形式同步展现人们的日常生活，对情景的感性还原使人产生"在场"的错觉，视觉的冲击和美的享受，驱动观看主体按照图像示范体验和理解价值观，留下深刻印象的同时，也刺激观看主体进行行为效仿，强化社会主义核心价值观外化为人的行为实践过程，提升影响力。

2.从文本传播转向图像传播

图像成为表达信息、传播信息、获取信息的主要途径，并已成为人们的一种生活方式，甚至有人戏称"我从不阅读，只是看看图像而已"。社会主义核心价值观传播也应"因时而进""因势而新"，由传统的文本叙事传播转向图像叙事传播，这既是"阅读时代"转向"读图时代"的时代要求，也是社会主义核心价值观传播的内在需要。

（1）"阅读时代"转向"读图时代"的时代要求

"时代"通常是依据经济、政治、文化等状况而进行的时期划分，如"石器时代""封建时代"。"阅读时代"和"图像时代"则是依据人们对世界把握方式的不同而进行的不同时期的区别。"阅读时代"是"以字言说"为主的时期，即对世界的理解是由文字机制所支配，主要传播媒介为书籍、期刊、杂志等纸媒；"图像时代"则是"以图言说"的时期，对世界的把握由图画、影像等所主导，电视、电影、互联网、新媒体等为主要传播媒介。"阅读时代"向"图像时代"的转向，除了是文本与图像"霸主"地位的转换，同时也是人的认知方式、审美倾向、话语体系的重大转变，所以图像叙事转向成为社会主义核心价值观传播的必然要求。

第一，认知方式转变，催生社会主义核心价值观图像叙事传播转向的内在需求。图像时代的"视觉"语言使人们获取信息的方式以"观看"为主，认知方式也从"阅读"变为"读图"、抽象变为形象、平面变为立体、呈现变为建构，这种变革的深层逻辑是人的注意模式的转变，即由"深度注意力"转向"过度注意力"。"深度注意力"以单一信息流动偏好、长时间的注意力的和高度的忍耐力为主要特点。语言文字符号的抽象性特点决定必须用静观、冥想的方式进行认知，体现的是"深度注意力"模式。而"过度注意力"的特点是焦点在多个任务间不停跳转，偏好多重信息流动，追求强刺激水平，对单调沉闷的忍耐性极低。

在快速的生活节奏和大量图像刺激下，青少年潜心阅读的耐性越来越低，图像的多重信息流动、多任务并行叙事、浅显易懂等特征使"过度注意力"成为阅读与认知习惯的主要模式。高度概念化、抽象化的社会主义核心价值观要想被大众所认同和接受，就要适应当代人们的认知方式和认知习惯，向生动有趣、感官刺激明显的图像叙事传播方式转变。

第二，审美方式转换，内含社会主义核心价值观图像叙事传播的转向诉求。语言文字的抽象性特点需要读者在头脑中将其转化为感性的"形象"，从而感受文本内涵与韵味，而语言与形象的这一距离，需要审美主体的静思与冥想才能达成审美主体与"形象"客体之间的交融，从而导向一种"沉入式"审美方式。而图像作为一种典型的艺术形式，"美"是其最突出的特点，尤其是动态图像，融合色彩、声音、语言、文字于一体，给人以"震惊""惊艳"的感官刺激，并使人陶醉其中，导向一种"投入式"审美，并随着"图像时代"的来临逐渐代替语言文字的"内涵""韵味"式的"沉入式"审美，成为主要的审美方式。

社会主义核心价值观作为真善美的统一，其高度抽象性、理论性的话语固然能够将其中所蕴含的"真"与"善"进行完美诠释，而对其中的"美"的呈现方式却已不能适应当代人的审美方式，人们很难从抽象的话语中感受到其中的"美"，使社会主义核心价值观没了"灵魂"，影响其传播效果。所以，要想使其中的"美"能够更充分地被人所感受，就要通过具体、形象的画面表现出来，实现"表里如一"，促进价值认同的实现。

第三，话语方式变革，提出社会主义核心价值观图像化话语要求。自文字产生以来，语言文字就占据着话语方式的主导地位，图像、手势等符号仅作为语言文字的补充而存在。然而随着科学技术的发展，在声音、色彩、文字等文化符号的加持下，图像越来越凸显出话语表达优势，"成为社会日常话语形态，成为人们的情感表达和交流的重要媒介"。如在微信、微博等交流平台大量使用的表情包，快手、抖音等直播平台广泛传播的短视频等，都是青少年青睐的话语方式，这些平台也成为多元文化、多元价值观念的必争之地。所以，只有将社会主义核心价值观话语方式进行图像话语的转换，才能抵御不良价值观念的侵袭，引领图像叙事领地的多元价值观念，才能维护其话语权的主导地位。

（2）培育和践行社会主义核心价值观的内在需要

培育和践行社会主义核心价值观的目的是使其成为社会主流价值取向，进而引领社会的发展方向，规范人们的日常行为，它既是时代发展的要求，也是社会主义现代化建设的重要内容。这就要求其传播方式必须进行现代化、日常化转化，图像叙事则是完成这种转化的重要着力点，是满足社会主义核心价值观培育和践行内在需要的重要途径。

当代视觉文化的发展是人们追求经验提升、人生不断走向更丰富的结果，也是对"现代性"追求的结果，图像叙事传播方式正是这种现代性的体现，也是实现社会主义核心价值观现代化的内在需要。

高校要想使社会主义核心价值观成为人们的行为规范和生活习惯，就要将其从"宏大叙事"的窠臼中拯救出来，进行生活化、细节化转化，把抽象的思想观念变为感性具象的故事材料，而图像则成为实现其生活化的必要工具。首先，图像来源于生活，它是对现实生活的复制与模拟，图像资源与现实生活密切相关。其次，图像形成于生活。图像是在生活过程中形成的，是对生活的记录与展示，尤其在互联网、信息技术的支撑下，越来越多的生活过程图像化，如我们现在比较火热的吃播、旅游直播等，都是生活图像化的证明。再次，图像回归生活。图像通过电视、网络等进行传播与分享，被人们所认识与理解，其所承载的信息、价值观念又对人们的思想、行为产生影响，从而反过来影响人们的生活节奏与生活习惯。

3.社会主义核心价值观图像叙事传播的优势

（1）表达优势：图像叙事立体呈现社会主义核心价值观内容层次

社会主义核心价值观的基本内容包含国家层面的价值目标、社会层面的价值取向和个人层面的价值准则，是一种从宏观到微观、从整体到局部、从集体到个体的立体价值体系。而运用图像表达则有利于呈现这一立体层次。通过图像的象征、隐喻和叙事的修辞方式对这一价值体系进行图像化表达，从而构建社会主义核心价值观图像谱系，直观、形象、立体地呈现价值目标、价值取向和价值准则的内容层次，克服单纯依靠语言文本"平铺直叙"的局限性，优化社会主义核心价值观的表达效果。

第一，图像叙事象征式表达国家价值目标，化抽象为具体。"富强、民主、文明、和谐"是国家层面的价值目标，是社会主义核心价值观的最高层次，也是对国家建设目标和理念的凝结与提炼。在对这一价值目标进行传播时，很难进行单一的概念化表述，即使可以，也无法被人民群众即时、快速、系统地理解和掌握，尤其在面对不同社会地位、教育层次、职业背景等社会群体时，更是无所适从。写不出的精神，宜以形象表现。图像叙事可以用"看得见"的具体形象象征式表达"国家"这一"看不见"的抽象概念，用具体的图像将国家层面的价值目标进行本体化转化，化抽象为具体，促进人民群众对国家层面价值目标的理解。

象征是建立在某种联系的基础上，借助具体形象表现抽象概念、思想和情感的修辞手法。图像的象征式表达优于文字的抽象表述，不仅可以将国家这一"不可见"的抽象表述"还原"为"看得见"的具体形象叙述，而且使大众对价值目标的认知方式从理性转变为感性，更符合人的一般认知习惯，易于理解和接受。可以用中华民族悠久的历史与文化对国家价值目标进行象征式表达，如用长城、天安门等具有中华民族特色的物质文化遗产作为国家认同的象征符号，也可以用具有民族特色的文化符号作为民族认同的象征符号，如中国的春节、清明节、端午节、中秋节等民俗节日和民族非物质文化遗产价值信仰的象征符号等，这些方式在将国家价值目标进行具象化的过程中，能够为其注入中国精神内涵，加深受众的爱国情感。

第二，图像叙事隐喻式表达社会价值取向，化无形为有形。"自由、平等、公正、法治"是社会层面的价值取向，是立足社会集体对社会主义核心价值体系的高度凝练。"价值取向就是人们在一定场合以一定方式采取一定行动的价值倾向"。有什么样的价值取向，就有什么样的价值活动，价值取向的正确与否直接关系到个体的行为性质和结果。在个体价值取向日益多元化的今天，社会价值取向的传播有利于规范和引导不同利益主体的价值选择，使个体的思想、态度和行为倾向更符合社会主义社会的价值要求。社会价值取向本质上反映的是社会群体之间、个人与群体之间、个人与个人之间的关系，总是与具有相似心理、语言和文化的人相关，因而可以利用图像叙事的"相似性"，化"无形"为"有形"，用形象具体的事物隐喻社会层面的价值取向。

隐喻是用一种事物暗喻另一种事物，是比喻的一种变体。相对于"语像"的隐喻，图像的隐喻是一种本质的表现，关于这一点早有学者提出过，并强调"包括照片在内的任何图像的本质都是隐喻""喻体和喻旨的相似是隐喻得以生成的前提，'取象寓意'是其最常用的方法。"也就是说，图像用更为直接、具体的形象来隐喻某种抽象事物，更为直观、生动，更便于理解和接受。所以，图像的隐喻式表达也就成为社会价值取向的优势表达，能够让"无形"的价值理念转变为"有形"的图像，从而迅速调动观看主体的想象、感知和体验，使受众从形象化价值理念的本体和喻体的相似关系中获知基本价值信息，实现对相应价值理念的理解与认同。如用"和平鸽"与"橄榄枝"的形象隐喻和平与自由，用"天平"的形象隐喻公平与正义。因此，图像叙事传播社会主义核心价值观要充分发挥这一表达优势构建图像体系，既要根据不同受众群体选择合适的图像，充分发挥受众的主体性，让人们真切感受到什么是应该肯定的、什么是必须反对的，也要运用社会群体所熟悉的图像形式营造社会群体进行感知和想象的情景，推动个体对价值观的认同。

第三，图像叙事的叙事式表达个人价值原则，化笼统为明确。"爱国、敬业、诚信、友善"是个人层面的价值准则，是对处于社会关系中具体的人提出的总体行为规范和道德要求，与人们的生活息息相关。因此，应将社会主义核心价值观融于生活，成为个人层面价值准则传递的常用方式。图像的叙事式表达将生活作为素材来源，通过鲜活的人物故事、典型事件再现等形式，将深刻的个人价值准则传递给人民群众，实现个人层面价值准则由笼统的理论内容转变为明确、具体的实践行为，满足社会主义核心价值观的生活化要求。

"叙事"是一种表达方式，叙事的核心是事件，事件的核心是行为。图像的叙事式表达个人层面价值准则的方式具有以下优势。其一，能够满足个人价值原则"行为"表现的内在要求。

"爱国、敬业、诚信、友善"主要表现在主体行为中，只有通过主体的行为过程中才能理解什么是"爱国"、什么是"敬业"、什么是"诚信"、什么是"友善"，而图像的叙事式表达能够呈现隐含这种价值观念的具体行为过程，从而满足"行为"表现的要求。其二，可以通过还原具体生活情景使受众产生视觉体验，使其在现实生活中遇到相似情景时激活视觉体验，进一步激发行为模仿，从而做出正确的价值判断和行为选择。所以，图像叙事式表达有利于个人价值原则的传播。需要注意的是，在对社会主义核心价值观进行图像叙事式表达时，为了使叙事素材更具有价值导向性，并且为主体参与提供更为广阔的空间，需要按照社会主义核心价值观的主题对图像进行提炼和再创造，这就要求对图像进行精准选择、精心设计和精致编排。

（2）功能优势：图像叙事完善社会主义核心价值观传播过程

社会主义核心价值观传播过程的逻辑性、传播内容的抽象性以及传播效果的内隐性是影响价值接受与认同的重要因素，也是提升传播效果的难点所在。图像的空间性、形象生动性、感性直观性的特点使其在叙事过程中具有设境、顿悟和激发的功能，能够将社会主义核心价值观抽象内容形象化、逻辑思维过程立体化、传播内隐效果外显化，从而弥补文本叙事传播的不足，完善传播过程。

第一，图像叙事设境功能，具体化社会主义核心价值观传播抽象内容。社会主义核心价值观本质是一种社会意识形态，是脱离具体实践场景的"社会存在"，抽象性是其最突出的特点之一。抽象是剥离了非本质特征后的共同的、本质的特征。

图像叙事通过设境可以将社会主义核心价值观抽象、笼统的价值内容重新置于具体的社会场景中，使其变得具体、可观、可感、可知，从而实现价值认同。设境就是设定情景、场景，图像叙事通过将图像这种脱离时间线程的"时间切片"重新纳入时间进程来实现"语境"的重新建造。社会主义核心价值观的传播者可以根据受众的社会地位、教育背景、职业特点等不同，有针对性地引入或创设生动形象、具有一定情感色彩的特定场景，唤起特定受众的情感或态度体验，使其通过"观图"沉浸其中、身临其境，通过"感图"唤醒社会历史记忆、引发情感体验，通过"悟图"切身感悟价值内涵，实现受众对抽象价值观内容的理解和接受。

第二，图像叙事顿悟功能，感性化社会主义核心价值观传播逻辑过程。社会主义核心价值观的理性本质决定其传播过程的强逻辑性，所以传播者往往试图通过严密的逻辑推理和演绎让受众彻底接受和认同它。这种方式虽然可以在一定程度上保证内容的完整性与逻辑的严密性，却也加重了受众的理解负担，甚至成为传播障碍。这种逻辑传播的方式最常用于大学生课堂中，课堂上教育者通常从社会主义核心价值观概念谈起，接着分析其历史背景、思想渊源及实践条件，阐述其与中国传统价值观的关系、与国外价值观的关系以及功能作用等，进而让大学生从其逻辑关系中理解它、接收它，进而树立正确的世界观、人生观、价值观。这种烦琐的逻辑表述方式看似厘清了社会主义核心价值观的逻辑脉络，但在学生看来则难以理解，不利于对价值观的领悟与认同。

理性逻辑过程感性化成为优化社会主义核心价值观传播过程、提高其传播效果的不二选择。图像不仅可以使社会主义核心价值观的抽象内容具体化、形象化，还可以使受众顿悟其理性逻辑，易于感知、理解、领悟其深刻内涵。"顿悟"来自格式塔心理学中"顿悟说"，是指"突然理解，而不是摸索学习"。图像的顿悟功能是由其本身的直观性所决定的，直观性使得其在表达过程中既是"观看"的基本媒介，同时也是"观看"的目的，实现了手段和目的的同一，"使得图像本身成了一个自足的封闭世界，它不需要指涉意义，自身就是一切"也就是说，应用图像语言表达社会主义核心价值观时，图像成为其逻辑本身，从而实现理性逻辑过程的具体化、感性化，使受众通过"观看"而"顿悟"社会主义核心价值观。

　　第三，图像叙事激发功能，外显化社会主义核心价值观传播内隐效果。效果是一切传播活动的试金石，是所有传播者的共同追求。社会主义核心价值观传播目的是要实现"内化于心、外化于行"的效果，即既要使受众领悟和内化社会主义核心价值观的内容，也要指导人们在日常生活中进行价值判断和行为选择，是内化与外化的统一，具有内隐和外显双重特性。然而，传统的传播方式无论是传播内容还是传播过程或传播结果都更倾向于对理性内容的传授和把握，使社会主义核心价值观深藏于受众的内心深处，看不见、听不到，也摸不着，彰显了社会主义核心价值观传播的内隐效果，而忽略了其外显性，不仅不利于社会主义核心价值观传播效果的检验与评价，更不能帮助受众解决日常生活中遇到的现实问题。

　　行为实践是实现内隐效果外显化的有效途径。图像叙事方式可以引导受众在"观图"中感知、理解和领悟社会主义核心价值观的内容及其深层含义，还能激发个体的行为冲动，应用在观图、解图、叙图的过程中产生的价值感悟指导个体的实践行为，从而帮助受众解决现实问题，实现内隐传播效果外显化。图像叙事的激发功能是通过构建叙事场景而实现，一般来讲，知、情、意、信、行是从价值认知到践行必经的几个阶段，而图像通过叙事场景的构建能够实现心理阶段的跨越，使受众迅速产生心理和情感体验，进而产生行为冲动，当图像中类似情景出现在现实生活中时，个体认知的情感和心理动机被激活，个体会产生因为视觉经验的一种模仿，按照社会主义核心价值观的价值准则进行价值判断和行为选择。所以，应充分利用图像叙事的激发功能，发挥社会主义核心价值观实践效能，帮助人民群众解决现实问题。

　　（3）特性优势：图像叙事契合社会主义核心价值观涵化心理过程

　　"涵化"[1]是异质的文化接触引起原有文化模式变化的过程。由此我们认为，社会主义核心价值观涵化心理过程是个体因接触或吸收社会主义核心价值观而引起的一系列心理变化的过程，包括思想认知、认知兴趣、心理融入、价值认同几个环节。所以，实现个体对社会主义核心价值观的认同并不是注重其中一个或几个环节就可以，而需要注重每一个环节。图像叙事的感性直观性、内隐情感性、逻辑宣理性、阐释多义性的性质恰好契合这一心理过程，促进价值认同的实现。

---

[1]也称文化摄入。

第一，图像叙事的感性直观性，唤起视觉注意。图像作为一种符号与意义的统一体，其感性直观性能够有效唤起人的视觉感知与注意，进而激发认知兴趣。图像的感性直观性是不言自明的，也是公认的，它之所以能够引起人的视觉注意，主要有如下两个方面的原因。

现代数字技术、图像技术的发展不仅使图像的生产、传播与接受更为便捷，同时也使图像变得更为生动、形象、鲜活，灵动的画面冲击着人的视觉器官，吸引人的注意力，易于引起人的视觉注意。

人类追求现代化的过程也是追求更为丰富、全面体验的过程，而语言文字的"逻各斯中心"越来越不能满足人们更为人性化、人文化的文化需求。图像的感性直观性能够满足人的视、听等感官欲望，并拉近艺术等文化形式与人的本能欲望之间的距离，表现出对人的"肉身"的认同与尊重，恰好满足人的这一需求，因而更能引起人的注意和兴趣。另外，图像本身具有隐喻性，将"不可见的"抽象价值理念以"可见的"具体形象呈现出来，需要在"驻足观看"或"凝视"过程中理解其价值内涵，可见，视觉注意也是图像的内在要求和先天优势。因而，社会主义核心价值观的传播者应充分利用图像的这一优势，将抽象概括的价值内容转变为形象生动的图像符号，运用色彩、线条、光线等构图要素构建直观、形象、生动的图像，最大限度地唤起人们的视觉注意，并结合语言文字对图像符号背后的价值内涵进行科学解码，唤醒人的社会记忆，促进大众对价值观的感知与理解，从而提高传播效果。

第二，图像叙事的内在情感性，促进心理融入。心理融入是实现价值认同的心理前提。认同社会主义核心价值观首先要在心理上自愿、主动地接纳它，而不是排斥它，这就离不开情感因素的影响。图像能够激发人们产生感觉、印象、情绪等主观体验，所体现的就是图像的情感性。图像的情感语义是建立在颜色、形状、纹理、空间等视觉特征之上，与人们的愉快、信任、恐惧、期望等情感相映射，从而实现情感传递，引发受众的情感共鸣。同时，为了确保图像情感识别的准确度，也可以"借助文本信息与图像间的情感语义关联性，帮助缩小语义鸿沟"。

图像的情感性可以唤起受众对国家、社会的积极情感，促进人们对具体价值观念的心理融入。所以，传播者应积极利用图像的情感性，加强引导积极情感的激发，同时要时刻警惕消极情绪的影响。

第三，图像叙事的逻辑宣理性，提升思想认知。思想认知是建立在感性基础上的理性认识，也是实现价值认同的思想基础。在社会主义核心价值观传播过程中，只有当受众真正认识其科学性、正确性时，才能被说服，最终实现价值认同。抽象的语言文字通过理论阐释、逻辑推理传播社会主义核心价值观，虽然能够使受众在一定程度上把握社会主义核心价值观的理性逻辑，但脱离了感性基础的理性逻辑使受众难以理解，对价值内容的认知浮于文本表面，不能形成真正的思想认知。图像叙事的逻辑宣理性则可以有效弥补语言文字的这一缺陷，提升对价值观念的认识。

图像主要以质感展示为主，其宣理性明显弱于文本的逻辑理性，单纯依靠图像的情感刺激，那只是短暂的感性反映，要想实现真正有效的"视觉劝服"就需要语言文字的配合，对图像的理性意蕴进行解读，从而增强图像叙事的逻辑宣理性，所以图像叙事的逻辑宣理性主要是通过图像与语言文字相结合而实现的。现实中，在广告牌、宣传栏、电影、电视、短视频等各种图像中最突出、最明显的特点即图像符号和文本符号的结合。其中，图像符号通过直观形象画面引起受众的视觉注意，并引发情感共鸣、激发心理融入；文字符号则用理性精准的逻辑话语表达图像符号背后的价值意蕴，帮助受众理解图像中蕴含的"理性"价值内涵。如在校园中用作宣传社会主义核心价值观的海报或宣传画，其创作者通常将图像、文字、色彩、音频等要素进行融合设计与排版，便于学生认知与理解。因此，在进行图像叙事传播社会主义核心价值观时，应特别注意图像与文本的融合，引导受众正确地解读图像背后的价值观念，以产生持续性的自反思维，实现从情感到理性、从知觉到思维的认知跨越。

第四，图像叙事的理解多义性，提升价值认同。无论是视觉注意、心理融入还是思想认知，最终都在为实现社会主义核心价值观的价值认同而服务。文本叙事在实现价值认同方面做了很多努力，但无论是在价值观传播内容的深度上，还是在传播范围的广度上，总是不尽如人意，达不到传播的预期效果。图像叙事的理解多义性则有助于实现社会主义核心价值观的价值认同。

图像的理解多义性是由其空间的同场、同步、同时性所决定，对于书写的叙述者来说，是不可企及的一种理想。图像叙事的多义性可以扩大社会主义核心价值观传播的受众范围，使不同社会阶层实现价值认同。不同的受众在阐释和理解图像的过程中，会结合自身的生活阅历、价值认知、价值倾向、外界环境等因素从价值观的不同侧面进行个性化的理解，从而产生情感共鸣，将形成并强化身份认同、情感认同及价值认同等社会认同，深化了传播影响力。同时也要注意，这种多义性有可能会导致错误的解码，或只是"付诸一笑"，不能正确认识和理解图像背后的价值意蕴，所以传播者需要对图像进行筛选和运用，让更多生动有趣、带有正能量的图像进入叙事和受众的交流环境之中，以引起受众的视觉注意，形成感性认知，促进价值观的理解与认同。

（三）社会主义核心价值观图像叙事传播的内在机理与外在条件

1.社会主义核心价值观图像叙事传播的内在机理

运用图像叙事传播社会主义核心价值观，既要保证社会主义核心价值观可以"融得进"图像，又要保证其能够从图像中"传得出"，并且使其能够为人民群众所接受与认同，这主要是由图像叙事的内在条件所决定的，文化符号融入、传播平台构建以及价值认同的实现成为图像叙事可能传播社会主义核心价值观的前提条件。

（1）文化符号融入，赋予图像叙事传播价值

承载性是传播媒介的突出特点，图像作为一种传播媒介首先要能够承载一定的价值信息，而符号作为图像的构成要素是承载信息的基本单元。在符号学中，符号被定义为"携带意义的感知"，"不仅是表达意义的工具或载体，而且符号是意义的条件：有符号才能进行意义活动。符号是意义信息的感性外在形式，任何意义的表达或传播都要借助符号表征，不存在没有符号的意义，也不存在没有意义的符号，人类所生活的意义世界也就是符号的世界。符号是人类存在与发展的前提，也是信息传播的基本代码，任何价值或意义的传播都是符号的传播"。

其强调书籍重要性的表象之下突出的则是语言文字的重要价值。当前我们对世界的认识大多是通过语言文字获取的，因为大多数经济知识、政治知识、文化知识、科学知识等都是通过语言符号进行传播的，当然也包括人类的思想观念。然而，随着科学技术特别是移动互联网、数字化信息技术的发展，越来越多的文化符号直观化、可视化，用直观的、具体的形象进行表达，而不再选用平铺直叙的文字符号进行传播。

图像作为符号集合其本身不能表达意义，它所传播的意义是由图像化文化符

号赋予的。因此，实现社会主义核心价值观图像叙事传播首先应对图像进行意义加注，即把抽象的价值观念用相应的具体图像化文化符号进行表达，并将图像化文化符号融入图像，从而赋予图像传播的价值内容，进而实现社会主义核心价值观传播目的。可见，图像化文化符号的融入使图像叙事传播成为可能。需要指出的是，并不是所有的图像都能构成叙事，这就意味着图像的建构并不是任意的，图像化符号需要按照叙事的逻辑进行编排，构建成的图像需要置于抽象的历史概念中，才能让人进行各种叙事性的解读。

（2）传播平台构建，提高图像叙事传播效果

平台是进行某项工作或任务所需要的环境或条件。社会主义核心价值观图像叙事传播的平台，是指以社会主义核心价值观为核心内容、以实现其有效表达和传播为目的的图像产品的"生产""流通"和"消费"的条件或环境。图像产品是文化符号的集合，需要经过编码、译码的过程才能将信息传播出去，而这一过程涉及图像的生产、传播以及接收等重要环节，所以图像的生产情况、传输状况及受众的接收程度必然影响图像叙事的传播效果。因此，良好的图像生产、传播以及接收条件，是实现社会主义核心价值观的图像叙事传播的必要前提。

实际上，在互联网和数字技术发展的催化下，各种图像传播平台如雨后春笋般涌现，图像对社会生活的巨大影响力与图像平台的发展密切相关。当前在文化生活中正流行着一种"刷"文化，"刷"文化映射出的是一副"盛世图景"，图像成为人们传播信息、分享生活和表达自我的重要形式，改变着人们的思维模式、价值观念、生活方式。而在图像盛行的背后是日益完善的图像生产、传播和互动平台。就拿短视频平台来说，它们集图像剪切与拼贴技术、传播技术和互动功能于一身，为图像制作、传输和接收图像创造了更便利、高效的条件与环境，不仅增强图像的表达与传播能力，同时其大众化、生活化的图像内容也更易于被理解和接受，图像的传播效果得到前所未有的提升。

图像领域传播平台的建设为图像叙事平台的构建提供了大量经验，可以通过模仿或借鉴这些成功经验为图像的生产、传播和"消费"创造条件，提高图像叙事传播效果。首先，构建专业设计和生产图像产品的平台。通过引进图像设计人才、组建专业的设计团队、应用先进图像处理技术、完善设计和生产流程等，设计具有创新性、引领性和时代感的图像符号，促进社会主义核心价值观图像化转化，同时也要加速图像内容和形式的更新，使图像化社会主义核心价值观在瞬息

万变的图像市场始终处于主导地位。其次，构建图像传播平台。拓宽图像流通渠道，突破单纯依靠新闻、课堂、政府等主流媒体平台的局限，使社会主义核心价值观传播渠道向影视、综艺、娱乐等平民化传播平台扩展，形成多元并存、一元主导传播格局。再次，构建图像反馈平台。开通图像沟通渠道，广开言路，让受众可以充分表达思想、交流想法、提出意见，保证受众最大限度地参与社会主义核心价值观图像产品的生产，使传播者与受众之间、受众与受众之间实现良性互动，促进社会主义核心价值观的价值认同。

（3）价值认同实现，达成图像叙事传播目的

运用图像叙事传播社会主义核心价值观的目的就是利用图像的形象特点和"感性—理性"的认知方式实现大众对国家、社会和公民各层面价值观的价值认同。价值认同的实质是外部价值信息与价值主体内在价值结构相融合，并在长期的实践活动中逐渐构建而成。所以，价值认同的实现首先需要外部价值信息的刺激，在社会主义核心价值观图像叙事传播过程中，这种"外部价值信息"的获取以解码图像为基础，因为"意义生产依靠于诠释的实践，而诠释又靠我们积极使用符号、符码、编码，将事物编入，以及靠另一端的人们对意义进行翻译或解码来维持"。可见，图像作为一种"超符号"，是一定数量的符号组合，其意义的获取需要进行解码。也就是说，受众通过"翻译"图画、照片、视频等图像所携载的符号而领悟其蕴含的价值内涵，进而调适自身的价值结构，自觉规范自身的思想与行为。显然，这一过程是受众主动而非被动地接受价值塑造或约束的互动行为。

符号的初衷是为人服务的，它产生于人类的生产和生活过程，同时在某种文化的长期作用下又成为一种具有固定价值内涵的符号，从而具有了独立性，其蕴含的价值或意义对使用这种文化符号的人具有反作用。具体表现为两个方面：①固定下来的文化符号对人的思想和行为产生规范、约束作用；②具有象征意义的特定文化符号可以塑造人的精神世界。另外，文化符号对人的作用是迅即发生的，其代表的意义"极为迅速地转化为人们下意识行为，不需再一次地进行处理过程"。

所以，图像符号的解读成为完成社会主义核心价值观图像叙事传播打开"认同之门"的钥匙，这就对图像中融入图像化符号提出要求，即应以充分发挥图像形象直观的优势为标准，以大众熟悉、便于解读的符号为优选，并以清晰的方式呈现，助力大众精准解读价值内涵，最大限度地实现价值认同。

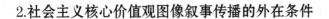

2.社会主义核心价值观图像叙事传播的外在条件

图像叙事传播社会主义核心价值观除文化符号、传播平台以及价值认同实现的内在机理条件外，图像传播的历史经验以及当代社会的技术条件也为社会主义核心价值观图像叙事传播提供了经验和可能。

（1）历史总结，提供图像叙事价值传播经验

历史证明，图像作为价值观的传播载体由来已久。中华人民共和国成立后，电影、摄像、绘画等技术的进步使图像叙事形式在全国范围内得到广泛应用，在各个不同的发展阶段，以不同主题的图像作品对国家的重大历史事件、英雄模范人物形象、党的路线方针政策等进行宣传。现在，微信、微博、短视频等新媒体形式层出不穷，使我国快速进入"图像时代"，图像叙事在传播价值观和维护社会主义意识形态安全方面中的作用不言而喻。

应用图像叙事方式传播价值观的做法由来已久，并在传播内容、传播方式等方面积累了丰富的实践经验。因此，创新图像叙事传播社会主义核心价值观的方式方法，应结合当下的技术条件和时代背景，深刻总结古今中外图像叙事价值观传播的历史经验，总结和提炼图像叙事传播规律，探索充分发挥图像叙事功能的方式方法，促进社会主义核心价值观的有效传播，拓展其传播渠道，提升其传播实效性。

（2）技术赋权，强化图像叙事价值传播能力

视觉文化时代图像不再是一种仅供观赏的艺术形式，更是一种日常话语体系，与语言文字形成"争霸天下"的态势。在这一话语权的"角逐场"中，图像的崛起除了其所固有的天然优势之外，技术变迁在这一嬗变中发挥着重要的催化作用。

技术是信息传播向前发展的根本动力。图像、文字等信息符号作为表达媒介是信息的外显形式，需要借助一定的传播媒介进行传播，即"介于传播者与受传者之间，用以负载、扩大、延伸、传递特定符号的物质实体"。传播媒介是与技术紧密相连的。从人类传播的历史长河中可以看出，一部信息传播史就是一部传播媒介的发展史，也是一部技术的变迁史。根据人类文化史上传播手段的不同，将文化划分为口传文化、印刷文化和电子文化三个阶段，其重要的依据就是从书写媒介到印刷媒介再到广播媒介、影视媒介的传播媒介的演变，其背后体现的则是造纸术、印刷术、活字印刷术、电子技术的发展，每一次技术变革都会催生新

的传播媒介，并将传播向前推进一步。

然而，自文字符号产生以来，图像作为一种叙事形态从未像今天这样与语言文字并肩而立，颠覆之前的"冷遇"境况，背后的主要动因是信息技术的发展。信息技术催生网络媒介、新媒体，使人类进入大众传媒时代。"媒介即是讯息"，媒介不仅仅是形式，不仅仅是信息、知识、内容的载体，并不是空洞的、消极的、静态的……它是积极的、能动的、对信息有重大的影响，它决定着信息的清晰度和结构方式。大众媒介的发展使人们在认知、表达和交流上都产生了新的"尺度"，图像成为满足人们新"尺度"的重要叙事形式，并逐渐成为大众传播中最强势的传媒语言。

信息技术为图像叙事传播创造了条件。信息技术的发展不仅使图像的传播方式发生根本性变革，图像的生成方式和获取方式也发生了深刻变化，使每个人既可以是图像的"生产者"，又可以是图像的传播者，还可以是图像的接收者，建构了不同于语言、文字的叙事图景。一方面，信息技术带来摄影、录像、复制、粘贴、拼贴等图像处理技术的发展，使图像的生成方式由专业工具"生产"延伸至更为便利的手机处理，从少数人的技术性行为变为人人可创造的大众化行为，为语言、文字的信息传递向图像叙事传播提供了可能；另一方面，图像的传播和获取方式得益于移动互联网、移动设备的发展，也从受时间、空间、工具的限制变成随时随地可获取的网络发送或接受，尤其是智能手机的发展和普及，实现了图像的即时传播与即时接收，满足了人们网络虚拟生活的需要。

可见，数字信息技术的发展对提高图像的信息传播力、突显其传播优势、提升其话语地位发挥了重要作用，可以说，没有信息技术的发展，就没有如今的"图像时代"。因此，应用图像叙事传播社会主义核心价值观必须进行信息技术、新媒体技术的赋权，为图像的生产、传播等提供技术条件，提升其对社会主义核心价值观的传播力和影响力。

（四）社会主义核心价值观图像叙事传播的有效路径

1.改善图像叙事传播条件

（1）融合多媒体传播媒介，打造图像叙事传播大平台

网络媒介的发展使图像成为当代主要表达载体，并呈现超越语言文字的态

势。社会主义核心价值观的图像叙事传播应充分整合图像资源，突破单一媒体线性传播的局限性，针对党政机关干部、在校大学生、商旅人群、青年精英等不同受众群体，融合多媒体传播平台，创建一体化传播体系，实现多媒体呈现、一体化运作、多渠道传播的几何级传播效果。

第一，占据主流媒体空间，充分发挥权威媒体的引领性。主流媒体是相对于非主流媒体而言的，是在以互联网为基础的信息时代之前占主导地位的大众传媒，包括各种报纸、期刊、广播、电视等，这些媒体依托单向传播技术，属于中心化媒体，尽管许多传统媒体顺应潮流开通了网络端，但仍旧以"我发布你观看"的模式为主，因此也称权威媒体。但在媒体融合潮涌下，它们正在向新型主流媒体转变，拓宽了主流媒体的影响力版图，提高了其宣传水平和宣传质量，有利于更广、更开、更深入地传播。因此，应用图像叙事传播社会主义核心价值观，应充分发挥主动权、权威性、引导力与影响力，占据主流媒体空间，确保图像叙事传播的实效性。

第二，综合利用新型媒体优势，占据大众媒介高地。新媒体主要相对传统媒体而言，是基于互联网、新媒体技术而言的新型媒体形式，如社区论坛、微博微信、直播间等媒体形式。因此，也有人称之为社交媒体。这些新型媒介以强交互性、即时性、"去中心化"为主要特点，是人民大众的主要互动"阵地"。社会主义核心价值观图像叙事传播必须利用好新型媒体的大众化优势，占据大众媒介高地，切实实现社会主义核心价值观的大众化传播。可以将典型道德模范人物制作成人们在社交平台常用的图像表情包，用典型模范引领社会主流价值观。也可以应用便于传播、针对性较强的短视频讲述社会生活故事、记录自然和人文景观、呈现人物内心情感等，以优质内容吸引受众目光，使价值观的形成和人的心灵沟通摆脱面对面交流的束缚。

（2）维护公共信息空间秩序，营造良好图像叙事文化氛围

今天，人类才正式进入"图像时代"，当图像成为信息的重要传播载体，各种图形符号、广告、动漫、网页、电视、视频等图像甚嚣尘上，在实现信息的自由传播与共享、满足信息时代人们的极大信息需求。为此，需正本清源，加强公共信息空间尤其是网络信息空间的净化与管理。

推动立法，加强公共信息空间法治化建设。法律具有强制力，对发布、转发不良信息的行为具有"硬"约束作用，可以打击损害国家形象、发布虚假信息、

侵犯人权等行为，从而保护国家和个体的信息安全和隐私。同时通过法律规定，明确并强化媒体平台和媒体人的社会责任，形成多元主体共同维护公共信息空间秩序的格局。

完善和优化信息审查和监督机制。加大信息的审查力度，畅通受众与平台之间的反馈渠道，鼓励受众积极参与信息空间的监督与管理，让人人都成为"信息监督员"，维护好公共信息空间，为社会主义核心价值观的图像叙事传播营造良好的图像文化氛围，让高水平的图像文化精品环绕在人们周围，使人在浓厚的图像文化氛围中理解和体验社会主义核心价值观，享受精神消费过程，提升政治觉悟和道德水平。

2.构建新时代图像叙事文本

图像叙事文本是联结传播者和接受者的桥梁，也是社会主义核心价值观的载体。创造人民群众喜闻乐见、生动、形象的新时代图像叙事文本，是实现社会主义核心价值观传得开、易接收、温润人心的重要形式，也是提高图像叙事质量的必然途径。构建社会主义核心价值观新时代图像叙事文本就是要使社会主义核心价值观的图像化表达更符合新时代的要求、紧跟时代的步伐，这涉及叙事符号的选择、符号表达方式的革新以及图像表现形式的创新，它们共同作用，从而影响社会主义核心价值观图像叙事的质量，进而直接关系到价值观的传播力和受众的价值接受程度。所以，构建新时代图像叙事文本，是提高社会主义核心价值观图像叙事质量的必然要求。

（1）精选文化符号，构筑"符值"体系

社会主义核心价值观图像叙事的"符值"体系就是以图像为表现形式的社会主义核心价值观的理解系统，也就是其视觉语言系统。构建社会主义核心价值观图像叙事文本，首先应建立起一种被大众所理解的"能指"与"所指"的"符值"体系。构建社会主义核心价值观传播"符值"体系是新时代图像叙事文本建设的基础。构筑"符值"体系，重在文化符号的选择与应用，需充分挖掘中国文化资源和实践经验，以图像形式叙说大德、公德、私德。充分挖掘和创新民族文化符号是构筑"符值"体系、打造精品图像叙事文本的重要一环。

第一，巧用优秀传统文化符号，打牢"符值"之根本。社会主义核心价值观图像叙事"符值"体系的构建，须充分挖掘内涵丰富且具有代表性的中华传统优秀文化符号，运用当代最先进的图像处理技术进行创造性转换与创新性发展，更新传统文化的呈现形式，在原有的厚重的历史文化符号上注入新时代生机，使文化符号对社会主义核心价值观的滋养与弘扬功能得以充分发挥，实现历史与现实的对接、古代对现代的"关照"，打牢"符值"之根本。

第二，精用革命建设实践文化符号，巩固"符值"之基础。近代中国，山河破碎、内忧外患，国家蒙尘、民族蒙羞、人民蒙难，在这种历史背景下，中国共产党开天辟地、敢为人先，带领全体中华儿女进行了浴血奋战、百折不挠、独立自主、奋发图强，历经新民主主义革命、社会主义革命和建设初期、改革开放和社会主义现代化建设阶段以及中国特色社会主义建设时期，最终完成中华民族由站起来到富起来，再到强起来的伟大飞跃。中国革命和建设的伟大成就，孕育了伟大的建党精神、载人航天精神、抗疫精神等中国精神，是社会主义核心价值观孕育的摇篮，为图像叙事"符值"体系的构筑提供大量革命与建设的实践素材。这些素材与当今的时代主题紧紧相扣，能够激发受众的情感共鸣，形成自觉的价值认同，是对社会主义核心价值观内涵的丰富与完善。因此，应充分利用革命建设的实践文化符号，将图像叙事"符值"体系建立在实践的基础上。

第三，会用大众社会生活符号，激活"符值"之源泉。社会生活是社会主义核心价值观存在和发展的基本寓所，也是培育和践行社会主义核心价值观的现实平台。用大众社会生活符号构筑图像叙事之"符值"体系，能够使社会主义核心价值观的图像叙说更贴近人民生活，提升感染力与说服力，让受众更真切、直观地感知和领悟价值内涵，促进大众对社会主义核心价值观的认知与践行。同时社会生活的丰富性和持续性也为"符值"体系提供源源不断的生活素材，丰富符号来源。基于此，传播者必须学会运用大众社会生活符号，借助社会生活中的先进人物故事，将它们编织成图像符号，在社会生活中引领思想、示范行为，达到传播社会主义核心价值观之目的。

（2）契合图文元素，实现情理互融

构建社会主义核心价值观新时代叙事图像、叙事文本除了需要丰富的民族文化符号构筑"符值"体系，为图像叙事提供丰富的叙事"语料"外，还需要运用情理互融的叙事手段，将社会主义核心价值观的本质内涵准确完整地传递给人民大众。因此，要想实现社会主义核心价值观传播效果情理互融的最优状态，就应契合"图""文"元素，促进语图互文与对话，实现文本与图像的和谐共处、相互借鉴、相得益彰。

一方面，以图携情。应充分发挥图像"一图胜千言"的优势，利用信息技术、新媒体技术以及图像处理技术等技术"红利"，积极推进社会主义核心价值观的图像化转化，将抽象的理论话语体系进行最大程度的视觉"还原"，用具体形象象征抽象概念、用形象事物隐喻深层内涵、用生动场景再现价值理念，克服宏大叙事的逻辑叙述方式，借助照片、视频、影视、动画等视觉形式着力营造富有亲和力、吸引力的叙事情景，从而触动受众的情感心理，实现人的知、情、意、信的统一。图像这种"携情"功能弥补传统传播方式过于抽象、单一的文本传播不足，有利于大众对价值观的接受与认同。

另外，以文释理。既要发挥文本叙事理性思维特点，弥合图像的"理性"缺失，防止图像无深度、世俗化、娱乐化的倾向使人的思想变得扁平而浅薄，消解人的理性思考能力，又要保障社会主义核心价值观理论体系的逻辑性、可持续性，增强图像的传播力与影响力。以图携情、以文释理，两者相互配合，才能构建符合新时代的图像文本，提高社会主义核心价值观传播的质量。

（3）应用动静结合，多样化的图像叙事文本表现形式

社会主义核心价值观图像叙事文本应在注重内容的选择与表达的基础上与时俱进，既不能固守传统仅运用传统的单调、静态的图像形式，也不能偏废静态图像，只用动态"时髦"的影视图像叙事形式，要将静态图像叙事形式与动态图像叙事形式相结合，通过动静结合的方式，使图像叙事文本的表现形式呈现多样化，"以实现社会主义核心价值观在协同传播、同频共振的传播效果"。

3.培养接受者图像素养

（1）提高有效性"读图"能力，科学把握图像传播信息"读图"能力

"读图"能力从图像中提取有效信息的能力，是理解图像和运用图像的能力基础，因为对于人的眼睛的感受性而言，能否发现眼前物象中隐存的形式痕迹，找到它的视觉要素，或整理出某种形式语言，是衡量是否具备视觉观察能力与体验方法的重要标志，因此也就成为培养人的视觉认知水准的基本任务。

现代信息技术的进步，尤其是新媒体技术与移动互联网技术的飞速发展，使海量图像汇聚，并以不同形式呈现给大众甚至造就了"图像狂欢"的盛景，误导人们盲目追求个性、过分表征自我、过度图像消费，被图像所异化，成为"单向

度的人"，其重要原因是不能有效读取图像信息，眼光只停留在图像表面，最终陷于一般审美认知的误区。因此，必须提升受众的有效读图能力，促进其科学把握图像传播信息。

第一，提高辩证思维能力。接受者应勇于突破自我，打破思维的局限性，善于运用联系、发展、全面的唯物辩证法，理性认识当代图像传播，敢于批判、否定错误的图像信息，不做思想保守者和大众迎合者。

第二，提高科学文化素质，开拓视野。"图像世界"是对"现实世界"的模拟与再现，图像要素来源于人们的生产劳动、日常生活、文化生活等社会实践，所以，人的视觉体验必然与"看"者所掌握的理论知识有关，因为掌握的理论知识越多，对哲学观与方法论理解得越透彻，对世界经验了解得越多，对图像所传达的信息也越能够理解。因此，应提高人民群众的科学文化知识，使其更透彻、彻底地把握和理解图像信息。

第三，加大视觉文化的科普力度，对各种图像形式进行必要讲解。对与视觉相关的一系列现象、行为进行全方位扫描、多维度比较、深层次分析，为其排列系谱、构建秩序，探究其内部结构与学历根基，使人们能够轻松阅读"图像景观"，提升全民的图像审美眼光和能力。

（2）提升批判性"解图"能力，理性认识图像价值内涵

"解图"能力即分析与理解图像的能力，是图像素养的核心，它以有效读取图像信息为前提，是实现合理运用图像的重要基础。

批判性"解图"能力就是要用联系、发展、全面的眼光分析图像，在理性思考的基础上做出价值判断的能力。在纷繁芜杂的社会景象中，在新媒体技术与互联网技术的加持下，成像和剪辑技术使图像的复制、粘贴、拼贴与合成更轻而易举，图像表现形式和承载内容日益复杂。所以，实现社会主义核心价值观图像叙事的有效传播有必要提升受众的批判性解图能力，使其能够理性认识图像价值内涵，用联系与发展的眼光看待图像传播，透过图像感性客观的存在形式把握图像传播的内容，积极对抗人为的视觉暴力、抵制不良图像信息意识。为此，接受者应正确理解图像叙事传播并合理分析图像传播的内容，提高批判性"解图"能力。

第一，理性看待、合理消费图像。面对各种各样的图像，受众应该理性看待，能够认清图像叙事传播的实质，避免为图像的感性直观性、娱乐性、虚拟性

而"遮望眼",同时也要坚定社会主义政治立场,恪守伦理与道德,做到遵纪守法,从而自觉抵制不良的图像信息。

第二,解放思想、实事求是。坚持一切从实际出发、具体问题具体分析的是科学的世界观与方法论,所以,面对图像受众应将图像叙事传播置于人类发展的历史长河中,透过图像中明艳的色彩、立体的线条、逼真的画面等表象揭示其内在实践本质,应合理分析图像叙事传播内容,理性理解其背后的价值内涵。

第三,合理评价、科学选择图像。在图像泛滥的当下,微视频、网络直播、影集、绘画等已成为人民群众进行个性化表达的重要工具,受众应合理评价图像,在科学分析图像信息的基础上客观判断、合理评价图像,进而借助相关图像软件做出合情、合理、合规的选择,做到"随心所欲不逾矩",积极弘扬社会正能量。

（3）强化艺术性"审图"能力,自主涵化图像价值效果

图像作为一种艺术表现形式并不仅是单纯的外在"形象美"的呈现,其表征的"美"是"理念的感性显现",是用感性的表达方式呈现的"内在美"。图像的"外在美"实际上是对"内在美"的反映,目的是"满足更高的心灵旨趣",而观看者只有具有较高的艺术性审美能力,才能捕捉图像的"意义生成空间"。所以,应用图像表达和传播社会主义核心价值观应提高受众的艺术性审美情操,使其能够自觉地参与图像的审美活动,以审美之心领悟价值意蕴、滋养情感认同,使社会主义核心价值观图像叙事的涵化效果更加明确、稳定与持久,避免图像叙事沦落为简单与粗鄙的图像规则。

提升受众的艺术性图像审美能力,应对受众进行美感教育。针对不同层次的受众有计划地开展审美教育,培养受众对美的形态和结构的辨识与鉴赏能力,使受众自觉地实施"美"的行为,在潜移默化中实现对社会主义核心价值观的情感认同。

开展社会实践,提升受众艺术性审美情操。实践是认识的来源、动力与检验标准,强化受众对客观存在的现实感知,有利于提升图像认识,进而帮助受众做出正确的判断和选择。所以,在社会主义核心价值观图像叙事传播过程中,应引导受众在图像审美的同时开展实践活动,如游览名胜古迹,感悟文化、感受智慧、感叹社会的沧桑巨变,还可以鼓励受众多参与社会生活实践,用心领悟生活中的真、善、美,提升审美情操,从而正确辨别图像信息而不被其迷惑甚至迷失自我,处理好图像感知与现实存在之间的关系,合理把握图像"娱乐消遣"的度。

4.提升传播者图像运用能力

运用图像叙事有效传播社会主义核心价值观的关键在于充分发挥图像叙事的传播优势，这一优势的发挥要能够完整、准确地把抽象、理性、"不可见"的价值观念转变为形象、生动、"可见"的具体形象，并保证为受众理解和接受，同时不断丰富和创新图像的内容和形式，保障图像传播的有效性和实效性。这就要求传播者必须具备相应的图像运用能力，即要具备图像的驾驭能力和实施能力。可以从传播者的图像运用自觉、图像释读能力以及图像创新能力三个方面进行运用能力的提升。

①强化图像运用意识，培养运用图像的自觉性，运用图像传播社会主义核心价值观需要充分发挥人的自觉性。

第一，自觉运用图像是有效发挥图像叙事优势的必然条件。传播者只有自觉运用图像才会自主学习图像基本知识、了解图像的构成要素、形成机制、传播方式以及视觉传播的基本原理，从而在一定图像理论知识储备的基础上自觉地参与图像的收集、选择、制作、评价等活动，而这些是发挥图像表达优势、功能优势和特性优势的知识前提，也是促进价值观内容与图像形式有机融合的知识基础。

第二，自觉地运用图像也是文本叙事传播转向图像叙事传播的客观要求。社会生活的图像化转变要求传播者应主动适应这种图像化趋势和发展要求，自主将抽象的价值理论转变为具体、可观的"故事情节"，将理性思维逻辑用直观感性的图像画面来呈现，自觉运用图像的表达优势、功能优势、特性优势推动社会主义核心价值观的话语表达和传播方式的变革与发展，避免由单一、枯燥的文本传播形态带来的大众疏离与对抗。

为此，传播者应不断强化图像运用意识，培养运用图像的自觉性。首先，用马克思主义的立场、观点与方法武装大脑，辩证地看待社会主义核心价值观图像传播与文本叙事传播的关系，正确认识运用图像传播社会主义核心价值观的必要性和重要性。其次，要解放思想，破除思想上的自我禁锢，克服文本传播的惯性思维和路径依赖，勇于打破传统文本叙事传播的成见与藩篱，自主将社会主义核心价值观的传播内容融入具体、形象的画面，创新传播方式。

②掌握图像"编码"与"解码"方法，提升图像释读能力，满足人们精神文化需要的图片、视频，如影视作品、短视频、微电影等，可谓种类繁多、形式多样、用途各异。所以，传播者要想运用图像叙事传播社会主义核心价值观，就要

能够"透过现象看本质",通过识别并读懂图像背后的价值内涵,实现对图像由表及里、自外向内、从现象到本质的认识过程,把握图像的价值旨向,并根据传播内容、传播对象、传播任务的不同进行价值甄别与价值选择,达到价值观传播的预期效果。而如果对图像的认知只停留在图像的直观表层,读不懂其中所蕴含的价值旨意,就难以对图像的价值内涵进行甄别与选择,运用图像叙事形态传播社会主义核心价值观更是"天方夜谭"。

为此,传播者需根据社会主义核心价值观特有的规定性和界限掌握图像的"编码"与"解码"方法,提升图像释读能力。首先,了解图像的表达方式、生成机制和传播方式。不同于文本符号,图像作为一种视觉符号,有其特有的表达方式、生成机制和传播方式,这些是对信息进行图像符号编码和译码的途径,也是掌握图像编码和译码方式的"基本功"。其次,掌握社会主义核心价值观的规定性和界限。信息的内容、性质与传播对象的不同决定编码与译码的方式、符号的不同,对社会主义核心价值观内容进行编码和解码,要深刻理解其价值内涵,准确区分其与中国传统价值观、国外资本主义价值观的不同,明确其规定性与界限,防止价值观念的混淆。另外,也要明确传播对象,受众的生活背景、身份地位、教育背景、职业背景的不同,决定其需求、特点、思想水平、认知能力的不同,运用图像符号、编码方式也会有所差别,如针对党员干部要选择什么样的图像,对大学生选择什么样的图像,针对青少年(儿童、中学生)群体选择具有趣味性的图像,如此才能进行正确的价值识别与释读。再次,把握图像的表现形式与价值旨向之间的确定性关系,明确图像符号的价值内涵,引导接受者正确解读符号的价值内涵,防止暗喻性或泛娱乐化对图像中蕴含的社会主义核心价值内容的"遮蔽"或消解,实现价值认同和接受。

③积极参与图像建设,提高图像创新能力。运用图像叙事形式传播社会主义核心价值观,要求传播者不仅要提升运用图像的自觉性和释读能力,更重要的是具备图像创新能力,能够在认识图像、运用图像的基础上对图像叙事方式、传播内容与形式进行创新,保持图像叙事的创新性、时代感和传播力。因此,传播者应积极进行图像化建设,根据传播目的、传播对象、传播条件等选择图像内容、表现形式、传播方式,在实践中提升图像创新能力。首先,结合中华民族优秀传统文化设计图像,为图像叙事传播增加文化底蕴、提供文化支撑。

从中华优秀传统文化、特色民俗中提炼富有成长性、包容性的图像元素,并与图像结构中的人物、时间、空间等进行创造性融合，创新图像内容与形式。这种图像创新方式既可以使中华优秀传统文化基因和系统的"图像"思维在图像创作与传播中得以继承，又能够在中华优秀传统文化的创造性发展中表现社会主义核心价值观的导向作用，实现继承与发展、文化认同和价值认同的统一。

社会在发展、时代在进步，图像的叙事表达也要与时俱进，时刻保持时代感。或者赋予图像新时代的内容，使之成为新时代社会榜样的图像符号，或者用符合新时代大众的审美习惯、表达方式的图像形式表达中国精神、中国价值、"中国梦""新征程"等价值内容。

充分了解接受者的教育背景、职业特点、兴趣爱好等，创造符合接受者"身份"的图像形式；提升图像技术处理能力与媒介素养，可以通过新媒体知识与技术的培训教育来提升信息技术能力与图像处理技术的能力，提高处理图像细节以及色彩、声音、表情图符、构图、线条、关键字词等构成要素的运用能力，更熟练地运用图像叙事，从而更能清楚准确地表达社会主义核心价值观的深层内涵。

第三节　建设知行合一的激励机制

知行合一，"知"是基础、是前提，"行"是重点、是关键，必须知行合一、以行促知，做到知行合一。知行合一强调了道德意念的产生到道德实践的连贯过程，在这一过程中实现知和行的辩证统一。"王阳明'知行合一'思想在当今社会同样具有蓬勃的生命力。"[①]

一、当代高校社会主义核心价值观知行合一的重要性

（一）有利于促进人格塑造和均衡发展

当代大学生高度认同社会主义核心价值观、知行不一的现象，这与当代大学生所处的复杂社会环境和自身心理特点息息相关。大学生只有通过知行合一的引导，既注重知识理论的讲授，又注重培养学生践行理论的能力，鼓励学生在生活中做到知行合一，才能加强学生的品格塑造。

①赵潜，叶进，李艳娇.知行合一：新时代阳明心学对践行社会主义核心价值观的深层启示[J].南京航空航天大学学报（社会科学版），2019，21（02）：18-23.

对大学生提出知行合一的要求，能引导大学生在日常生活反思自身的行为举止，时刻谨记将学习的知识输出到自己身上，让社会主义核心价值观不仅成为他们的生活态度，更重要的是成为他们生活的行为准则，达到这样的效果，才能实现完成大学生的品格塑造工作。

大学生正接受着高等教育，他们正处于意气风发、激情洋溢的年纪，这个阶段需要正确的价值观对他们进行引导，才能确保大学生的健康成长，做出符合社会发展和社会安定的行为。用知行合一的视角引导大学生社会主义核心价值观培育，才能使当代大学生领悟理论的深意，让大学生从国家社会的整体利益出发权衡自身的行为。用知行合一对大学生进行培育，能够向大学生播种新的生活习惯和行为习惯，引导大学生用正确的价值观思考人生的意义，做出正确的价值判断，从知行合一的角度来培育大学生，才能培养出具有实干精神的接班人。

（二）有利于传承知行观精华

当今培育社会主义核心价值观的征程中仍然适用，并且将会重新把中国先哲的智慧展现在人们的视野中，知行合一将会显现在大学生的具体行动中，让中国古代智慧重新焕发生机。

弘扬中国传统文化，要处理好继承和创造性发展的关系，创造型转化和创新性发展。实现社会主义核心价值观知行合一，能够有效地将中国古代的知行思想融合在培育过程中，让中国优秀传统文化通过培育的平台进行推广，使知行合一成为中国文化的一张名片，让中国优秀传统文化与时代接轨，成为让人们取之不尽的文化宝典。通过知行合一让社会主义核心价值观找到落脚点，落于人们的行动中，推动理论的传播。推动知行合一，有利于推动人们探索中国知行合一思想在当今时代的作用和意义，促进人们挖掘中国优秀传统文化中有益于推动社会主义核心价值观培育的内容。

二、高校社会主义核心价值观实现知行合一的对策

（一）社会层面的引领

1.基于榜样示范，倡导知行合一

高校可以通过模范人物评选，在社会成员中评选出在日常生活中积极践行社

会主义核心价值观的先进人物，积极利用新媒体对模范人物的先进事迹进行广泛宣传，同时举办先进人物宣讲会，营造崇尚践行的社会风气，以模范人物带动身边的人从日常的事情做起，成为知行合一的一分子。

积极运用博物馆、纪念馆、烈士陵园等爱国主义教育基地，通过积极面向大学生开展历史文化宣讲活动，进行大学生爱国家、爱民族的主题教育。

2.基于志愿服务，践行知行合一

志愿者活动是培养大学生社会成员公民意识和社会责任感的重要途径。通过鼓励大学生积极参加公益活动，让大学生亲身感受祖国基层现状，亲自参与服务他人的志愿活动，在不知不觉中培育大学生友善的品质，鼓励大学生发扬和践行友善的品质，在志愿者活动中实现知行合一。社会组织要积极推动志愿者活动，同时积极发展大学生志愿者队伍，积极营造"我为人人"的良好社会风气。

社会实践活动是大学生思想教育的重要渠道，是大学生理论联系实际的现实平台。可以通过社区或者社会组织，创建大学生知行合一的实践基地，对大学生进行社会主义核心价值观知行合一培育工作。还可以通过培训班的形式，积极开展知行合一的讲座，对大学生进行思想教育。

3.建立知行合一践行公约

社会道德对人们的行为有着强大的约束和监管能力。社会主义道德是中国传统道德和社会主义文化相结合的产物，并随着时代的变化发展不断进步。要想在社会形成践行社会主义核心价值观的风气，形成知行合一的社会风尚就要建立健全与之配套的道德评价机制，即构建社会主义核心价值观践行公约，让践行社会主义核心价值观成为人们约定成俗的生活默契，把生活中发扬社会主义核心价值观的社会美德成为践行公约的重要内容。

在社会上征求意见，围绕社会主义核心价值观"24个字"讨论践行公约的内容；积极构建社会主义核心价值观知行合一公约，积极组织市民，签署知行合一承诺书；积极用践行公约对大学生进行广泛教育，制作社会主义核心价值观知行合一宣传册。通过这些活动丰富大学生的荣辱观，让知行合一成为大学生行为的评价标准，以此来约束大学生的行为，成为大学生知行合一的制度保障。

（二）高校层面的实效

1.发挥理论课的培育功能

思想理论课是提升大学生思想文化素养的正式平台，也可以作为知行合一培育的重要渠道。因此，要充分运用思政理论课强大的育人功能，深入挖掘思政理论课知行合一的培育方法。

积极运用社会主义核心价值观教育的教学平台，在授课中突出理论和实际相结合的做法。积极发挥理论课的培育功能，教师在教育过程中要积极向大学生灌输知行合一的思想理念，积极倡导大学生理论联系实际，在生活和学习中用知行合一严格要求自己。教师还需要加强自身的思想素质，以身为范，带头实现知行合一，让知行合一具有说服力。

优化课程设置，积极改进教学方法。高校要积极组织相关思政理论专家、学者就应当如何突出用社会主义核心价值观引领社会思潮，探究如何创新思想理论课程体系进行教材修改和编写。

教师要积极把当今社会热点、时事政治、融入课堂教学中，吸引大学生的注意力，同时改善教学方法，让学生的角色实现从"被动听"到"主动讲"的转变，积极让大学生就社会主义核心价值观的实践问题大胆提出自身的设想，让学生成为课堂的主人。

学校要积极组织教育座谈会，对大学生进行知行合一倡导，让大学生积极抒发践行社会主义核心价值观过程中的体会，甚至提出自身的疑惑，学校能够及时掌握大学生的实际情况并予以指导。

2.积极创新的培育方法

（1）积极组织学生开展践行社会主义核心价值观活动

积极发挥党团活动、学生会活动、社团活动的作用，运用这些平台开展社会主义核心价值观的践行活动，积极给大学生搭建知行合一的平台。积极开展"爱国主义教育主题活动""文艺慰问演出""献爱心"等丰富的活动，让学生将思政理论课堂所学的相关知识运用于现实生活中，实现知行合一。

（2）积极运用新媒体进行社会主义核心价值观宣传

积极运用校园微信公众号、校园网站、学校微博进行社会主义核心价值观知行合一宣传活动，以新颖的多渠道的宣传方式吸引大学生的兴趣，可以积极进行大学生互动，让大学生在线上分享生活中践行社会主义核心价值观的事迹，把相应的心得体会写成微博内容，加以照片的形式分享给大家，以此打造积极践行社会主义核心价值观的风气。

（3）积极推进社会主义核心价值观与学校管理相结合

将社会主义核心价值观导向纳入高校日常规范，根据社会主义核心价值观的要求对学生手册和学生守则进行修改，让大学生明确遵守相关的学校规定，对大学生严重违背社会主义核心价值观的行为进行相应的惩治。

3.积极创建校园文化

校园文化发挥着巨大的育人功能，校园文化包含校园内部的各个系统，充斥在大学生生活学习的各个方面，可以说校园文化的影响是无孔不入的。因此培养大学生知行合一的能力需要积极发挥校园文化的作用。

高校通过社团培养大学生的知行合一素养。大学生社团是大学生活动的重要场所，是发挥大学生主动性的重要地带，通过积极引导大学生开展社会主义核心价值观知行合一倡议活动，积极组织大学生社团开展以践行社会主义核心价值观的主题活动，让大学生主动地构想进行知行合一的活动方案，提升参与社会主义核心价值观活动的自觉性和愉悦性，构建积极健康的校园文化。

高校要积极运用党团组织开展社会主义核心价值观知行合一教育主题活动，积极举办以践行社会主义核心价值观为主题的文艺汇演，同时也可以让大学生自己书写社会主义核心价值观知行合一保证书，以多种形式丰富大学生的课余生活，让大学生主动参与知行合一的培育活动。

（三）学生自身的约束

1.积极推进大学生自我教育

大学生自我教育是实现知行合一的重要方法，大学生应积极树立知行合一的主动意识和责任意识，积极发挥主观能动性来自我建设。

（1）积极树立知行合一的主动意识

大学生要深刻地意识到只有主动地参与社会主义核心的建设，才能真正发挥自身的能量，为祖国建设贴砖加瓦。

要提升对思想文化课的兴趣，积极锻炼自身理论联系实际的能力，积极传播社会主义核心价值观，加强自身理论建设。

积极参与社会主义核心价值观实践活动，主动融入社会团体组织的践行活动，积极参与学校组织的社会主义核心价值观践行活动。

深刻地反思参与践行活动的过程，总结收获，不断地实现知行合一的目标。

（2）积极树立知行合一的责任意识

社会主义核心价值观不能只停留在理论层面，需要大学生积极运用到现实生活中来发展和完善理论。大学生作为被时代赋予使命的特殊群体，实现社会主义核心价值观培育的总体目标就要深刻地明白自身的责任，需要大学生从自我出发，积极树立知行合一的责任感，在生活中将知行合一落实到具体事务。

2.善于学习中国传统的知行观

知行相辅是王阳明知行观的重要观点，大学生要摆正自身的学习态度，深刻认识理论学习和实际践行是相互促进、相互完善的，两者都是培育社会主义核心价值观的重要内容，不能忽视任何一方面。王夫之的知行观中强调行是知的目的，大学生应从中领悟到践行道德知识，培育良好的行为习惯才是理论学习的最终目的，没有相应的践行即知没有上升到行，那么整个道德培育没有完成。

大学生培育社会主义核心价值观的完成体现在大学生的行为当中，因此，大学生要达到知行合一，则需要在学习社会主义核心价值观的过程中，把知行合一当作追求目标。大学生要从传统的知行观汲取精华，形成知行合一的学习态度和行为习惯。

3.形成生活常态

（1）从日常事务出发，要求自己做到知行合一

知行合一，就是要认知与行动和谐统一。

大学生做到知行合一，就要从身边事务出发，从日常细节着手，养成知行合一的行为习惯，在知行不一的时候及时纠正；树立知行合一的信念，把知行合一作为践行社会主义核心价值观的出发点和落脚点，把知行合一作为人生信条来

履行。

（2）把知行合一作为终身追求

大学生要把知行合一作为终身追求，要从点点滴滴做起，坚定从知行合一的角度落实社会主义核心价值观，知行合一能够积极促进社会主义核心价值观的培育发展。大学生把知行合一作为终身追求，能够极大地促进我国道德水平的提高，使践行社会主义核心价值观成为生活常态。

第六章　微时代高校社会主义核心价值观培育的微传播与微观建构策略

新形势、新变化使高校面临全新的要求，因此，加强微时代高校社会主义核心价值观培育的微传播与微观建构是非常必要的。本章对凝聚"微力量"，加强微时代教育队伍建设；构筑"微内容"，强化价值观培育吸引力；形成"微合力"，搭建多样性微传播渠道；营造"微生活"，实现价值观生活化培育进行论述。

第一节　凝聚"微力量"，加强微时代教育队伍建设

微时代下，顺应时代发展，运用微媒体载体进行社会主义核心价值观生活化教育是必要且不可避免的。我们要打造一支具有理论知识，同时又能够得心应手地运用网络微媒体技术进行教育教学的教师队伍。因此，在具有理论知识的教师队伍中，我们要着重培育和提升教师的"微素养"，使教师们能熟练掌握和运用微媒体对学生开展社会主义核心价值观生活化教育，让大学生们在微媒体教育中实现理论知识的吸收及转化，将理论知识转化为日用常行。

一、高校社会主义核心价值观培育教育队伍建设

（一）高校教育队伍建设的意义

1.增强社会主义核心价值观培育教育的实效性

（1）合理利用课堂时间

教师应顺应时代、与时俱进，改变陈旧的教学观念，提升创新教学理念，合理利用思想政治学科的课堂时间，将非双向输出教学模式转为互动沟通的教学模

式，激发课堂活力、增加创造性教学活动、提升现有课堂时间效率。这种讨论分析式教学课程较传统教师为主学生为辅的"灌输式"教学课程方式更具引导性，不仅拉近了师生间的距离，而且提升了学生自主选择的能力，锻炼了学生的辨识能力。这种教育模式帮助学生树立了正确的"三观"，同时在提升学生能力的同时，进一步完成了社会主义核心价值观培育教育任务，这无疑给学科教师提出了更高要求。这种现代化教育方式不仅可以引导学生更积极地主动掌握理论知识，还可以提升社会主义核心价值观培育教育课堂的活跃度和魅力，将社会主义核心价值观培育教育在社会中的作用发挥到极致。

（2）增加课外活动方式

一方面，教师应当重视社会主义核心价值观培育教育学科与其他学科知识间的连接，可将社会主义核心价值观培育教育向其他课程渗透；另一方面，教师应注重学校的整体文化氛围构建，适时把社会主义核心价值观培育教育逐渐引向第二课堂，润物细无声地将思想政治理论渗透于大学生的头脑中。由此可见，丰富教育手段，从而利用多元化的方式达到社会主义核心价值观培育教育目的是必要的、迫切的。教师可通过增加思想政治理论教育的课外活动方式，达到为学生创造良好教学气氛、丰富教学手段的目的。

2.完成社会主义核心价值观培育教育的新任务与要求

对年青一代思维、生活及学习状况等的掌握，是目前最为急切的工作。

教导学生学会利用法律武器来保护自身的合法权益，构建社会主义以人为本、依法行事的正确理念，主动履行法律规定的各个公民的义务。

引导和促进学生在研究、了解、掌握马克思主义基础理论、原则和方式的同时，利用其分析、探究、解决各类实际问题。

为了使学生具备崇高社会主义品格和文明素养，教师应教导和帮助学生确立良好的学习目标，形成优良的学习习惯，最终成为严谨谦逊、勤奋努力、言而有信、表里如一、自觉互助的优秀人才。

通过多元化平台和多样性方式的有效结合，高校思想政治课程为学生学习社会主义核心价值观培育教育提供了基础保障。重视和提高社会主义核心价值观，培育教育队伍建设质量和结构模式不仅可以助力于校方社会主义核心价值观培育教育基础工作的开展，还利于学生茁壮成长。与此同时，对构建社会主义精神水平发展、社会主义物质保障，以及政治理论进步，都起着巨大作用。

（二）高校教育队伍建设的强化

1.教师教育工作的改进

（1）坚持以人为本原则

对人尊重是以人为本的核心，社会主义核心价值观培育教育坚持以人为本原则，是实现社会主义核心价值观培育教育价值的最高境界，同时又充分体现了人的价值。相关工作人员应将以人为本的原则贯穿整个社会主义核心价值观培育教育工作以及实践中去，在解决教师思想、工作、生活等方面实际问题的同时，加强调动教师的积极性和创造性，使其充分发挥主观能动性，最大限度地促进和提高教师社会主义核心价值观培育教育工作的效率。

（2）坚持实事求是原则

教师社会主义核心价值观培育教育工作的主要方针和政策应当是正确疏导、说服教育、以理服人。任何思想工作都要建立在事实上，高校思想教育工作的展开，一方面要重视国内的社会主义核心价值观培育教育工作，还要与国外的文化、经济、政策相接壤；另一方面还要与学校的改革和发展需求相协调。重视教职工，关注教职工的日常工作和生活等，从而增强其工作效率，以及社会主义核心价值观培育教育课程内容的说服力。

（3）与业务工作相结合

从某种层面上来看，社会主义核心价值观培育教育工作和业务二者是相互联系的，辩证统一提高了思想政治素养，明确了前进的方向和动力。两者之间进行有机结合，既可以激发和提升社会主义核心价值观培育教育工作的效用，又可以使社会主义核心价值观培育教育工作焕发新的活力。

2.高校思政教育工作问题的有效解决

政治理论的学习帮助高校青年教师树立正确的人生观、价值观、世界观，是形成青年教师理想、信念、立场的主要因素。不仅如此，政治理论教育还有利于端正教学工作态度，对于青年教师的意义十分重大。青年教师思想政治理论水平和觉悟的提高，离不开理论灌输和实践锻炼的完美结合。

校园文化建设，有助于青年教师身心的健康发展。通过开展丰富多彩的活动，深化校园文化对青年教师的影响。学校应当加强校园文化凝聚力、导向性、激励性，为提升青年教师整体修养创造积极向上的良好氛围、环境。此外，学校可根据自身情况，定期举办一些校园活动，如校园教师运动会、趣味教师健身活动、教师文明岗活动、教师创意作品展等，鼓励、引导青年教师积极参与其中，并将思想政治工作加以渗透，助力社会主义核心价值观培育教育工作的顺利完成。

二、加强微时代教育队伍建设

（一）树立全面的人才观

高校设置了很多国家级实验室，有很多科学基础设施，当下应该从机制建设的角度为高校和国家科学计划之间的结合提供支持。除此之外，还应该在政策方面为科技成果的转化提供保障，加速高校建立自己的知识产权运营机构。

高等教育是为社会发展培养社会所需要的综合性人才，所以，高校在培养人的时候要注重人的全面培养，人才培养需要关注到当下时代、当下社会对人才的需求，要针对具体的岗位需求培养人才。当下高校对人才进行培养的时候虽然注重素质的全面发展，但是，对不同的素质有不同的侧重，当下高校对专业素质的培养基本达成了共识，但是除了专业素养之外其他方面的素养要求存在差异。但是，不管侧重哪个方面，总的来看，对人才素质的培养都是以全面作为目标的。因此，高校要推进专业教育和通识教育之间的融合，培养出各方面可以综合发展的新型人才。

（二）提升教师"微能力"

微时代社会主义核心价值观教育的空间具有二重性，即现实生活和虚拟世界。

1.提供信息沟通以及信息交流的平台

当下媒体技术的快速发展，知识变得更加生动形象，为教育双方提供可以进行社会主义核心价值观信息沟通以及信息交流的平台。而且，互联网也为教学提供了更多真实的案例和素材，教师可以利用丰富多样的图片信息、视频信息、动画充实社会主义核心价值观的教育内容，让教育过程变得更有说服力。

社会主义核心价值观教育不能仅仅停留在理论层面，还要落实到具体的社会实践活动中，实践活动应该与大学生的实际生活息息相关，应该可以激发大学生的积极性，让大学生可以主动参与各种实践活动。教师应该对活动方案进行精心设计，为师生提供更能激发他们情感交流的教育情境，教师也可以鼓励学生自主查询相关资料、相关信息，让学生形成更强烈的参与意识、实践意识。除此之外，社会实践活动也可以让学生有更强的集体荣誉感，有助于培养学生的合作意识。在课堂教育过程当中，教师也要关注到多媒体技术的应用，教师应该使用多种多样的教学方式，培养学生对社会主义核心价值观的学习兴趣，引导学生开展更多的自主学习。

2.虚拟网络世界所占的比重会越来越大

当代大学生的生活和微信、QQ以及微博这样的社交工具有密切的关联，所以，社会主义核心价值观教育当中虚拟网络世界所占的比例会越来越大。社会主义核心价值观教育者也需要关注到这些社交工具，也需要通过社交工具加强他们和学生之间的交流。比如说，可以单独交流也可以建群交流，也就是说，社会主义核心价值观教育要和当下的媒介进行充分的融合，要扩大社会主义核心价值观教育延伸的范围。在利用这些媒体平台或者社交软件的时候，教育者要认真分析各种各样的信息，解读信息，要研究社会主义核心价值观和网络平台之间结合进行教学有哪些规律以及如何利用这样的教育方式减少不良信息对大学生日常生活的渗透。社会主义核心价值观教育者在利用网络或者社交软件的时候必须坚持社会主义核心价值观观念的指导，必须始终以社会主义核心价值观作为教育的核心内容。

（三）提高教师网络素质

1.提高网络媒介素养

在社会主义核心价值观教育者慢慢掌握并且熟悉网络技术之后，需要培养教育者的网络媒介素养，媒介素养是教育对教育者提出的客观要求，具备更好的网络媒介素养之后，教育者也会有更加优秀的教育思维。

作为社会主义核心价值观的教育者，必须熟悉终端设备的使用技巧以及设备的维护方法，借助互联网技术，教育者和大学生可以更加亲近，在利用这样的平台时，教育者需要掌握一些简单的计算机维护技能，技能的掌握可以处理一些突发情况。除此之外，教育者还需要掌握利用网络方式获取信息、下载信息的技能。教育者要分析当下大学生关注的信息或者他们感兴趣的内容，然后在此基础上有针对性地进行社会主义核心价值观的教学。比如说，社会主义核心价值观教育者可以通过列举大学生身边的真实案例让大学生了解社会主义核心价值观的具体内容，进而实现感化以及教育的目的。

除此之外，网络媒介素养要求教育者能够正确判断网络信息的重要程度、真假程度，只有做到了信息的清楚分辨，才能避免错误信息的传播，才能做好网络世界信息流通的"守门人"。

网络世界对所有人都是开放的，所以，网络世界中的人甚至也是存在差异的，他们使用网络的目的也是不同的，而且每个人都有权在网络当中发布微信息，面对这样的网络世界，社会主义核心价值观教育必须发挥自己的真正作用，掌握网络世界的话语权。

作为社会主义核心价值观的教育者，必须培养自身的媒介信息意识，必须对信息有更强烈的敏感度，要从大量的网络信息当中快速地分辨出哪些信息是有价值的，在分析信息之后，还要对信息进行处理，通过信息的加工让信息变成可以用于社会主义核心价值观教育的教育内容。除此之外，教育者还要培养自己的媒介使用能力、信息制作能力、媒介批判能力，如果教育者发现了和社会主义核心价值观相抵触的网络信息，应该清醒冷静地面对，运用法制知识、法治意识对信息做出处理。总的来看，社会主义核心价值观教育需要教育者有较高的网络媒介素养水平，这样，才能正确分辨网络大量信息当中的信息真伪，才能辨别谣言，才能阻止不良信息的传播，也只有这样，社会主义核心价值观的教育意义才能发挥出来，才能真正实现网络环境的净化。

2.加强网络道德素质

现代化建设过程当中非常注重道德文化的构建，现代化建设的本质是针对人的建设，而且，它也需要依赖人的力量。所以，在现代化建设当中，人占有至关重要的地位，道德文化建设主要是为了提升全人类的素质，而在全面素质提升当中，网民道德素质提升是至关重要的一部分。

人类文化存在的多元价值取向使得个人可以做出更多选择，也有利于个人主体精神的表达，从社会整体角度来看也是这样的，它为社会群体提供了多种选择，在这样的情况下，人们会更加包容社会当中存在的异质道德文化。

人一定会遇到道德选择，在进行选择的时候，人会对道德传统进行重新的思考，也会分析当下的道德情境，新的道德和传统的道德之间会存在一定的冲击，这会使得人们面临选择的痛苦。在这样的情况下，人需要更大的勇气承担自己作为社会一分子要承担的道德责任，也就是在这样的选择情境之下，人对道德信念的追求会得到更大的激发，人会产生进行道德创新的想法和激情。

当今世界科技快速发展为人们带来诸多便利的同时，也带来了一些问题，当下进行社会主义核心价值观教育除了注重课堂形式外，也要关注网络道德教育。作为教师，要引导学生形成强烈的信任感、正确的价值观，树立远大的理想，让学生在成长过程当中学会和他人的合作共处，形成强大的共情能力，掌握更多领域的知识，养成较高的道德素质。这样，学生也会在网络交流当中自觉遵守网络道德行为规范。

第二节　构筑"微内容"，强化价值观培育吸引力

一、树立"微思维"，实现自我教育与管理

第一，夯实理论基础。微时代的大学生要积极树立自我教育和管理的"微思维"，在夯实理论基础的前提下增强理性认知的能力。夯实理论基础需要进一步加强对相关理论的学习；进一步深化对社会主义核心价值观的科学性、真理性的认识和把握。

第二，组建微社群，增强情感认同。高校社会主义核心价值观教育视域下的情感认同，是指大学生在情感体验的过程中从内心真正认同和支持社会主义核心价值观，并将其纳入自身的情感体系中，进而内化为自身的观点和行为的过程。因此，在微时代，大学生加强对社会主义核心价值观的情感认同要注重志趣吸引，组建情感共鸣的微社群。

第三，重视个体实践参与。践行作为培育社会主义核心价值观的终极目标，是认知、认同社会主义核心价值观的最终目的和归宿。因此，微时代的大学生要加强社会主义核心价值观自我教育，必须在认知、认同的基础上注重实践养成。

第四，提升自身网络素质，实现平台良性经营。大学生要增强自身的网络道德，自觉加入网络监管队伍中来，大胆制止在微空间散布不良社会思潮，企图混淆视听或干扰人们价值判断的行为，努力营造健康的网络微环境。

大学生还要树立正确的"微观念"，不要将微博、微信等看作只是用来与朋友交流的通信软件和放松身心的娱乐工具，更不要过分沉迷于微空间。同时要将微博、微信作为获取社会主义核心价值观教育信息的有力载体，主动关注主流媒体，在不自觉中接受社会主义核心价值观的教育。

二、完善微时代高校社会主义核心价值观生活化教育内容

（一）日常教育关注"微诉求"

高校社会主义核心价值观生活化教育要求教师在日常生活之中要关注学生个体的"微诉求"。

第一，在微平台上关注学生的"微诉求"。除了在线下深入大学生日常生活之中关心学生的诉求以外，还应开辟在线上的微平台渠道，从微平台中深入学生的"微生活"，从中关注和了解学生的诉求。

第二，在日常生活中发掘学生的个体诉求。高校领导及教师需深入学生的日常学习区、生活区和运动区之中，在生活中建立师生之间的情感交流纽带，以爱化人、以情育人，缩小与学生之间的隔阂，消除了大学生对于教师的防备心理，在内心中、情感上接受了教师，才更愿意敞开心扉表达自己的个体诉求。通过以情感为纽带，加强师生之间的生活联系，使得教育更具亲和力、感染力和针对性。教师从而可以全面地了解学生的现实诉求，以解决大学生的需求为工作方向，完善教育内容，从而提升教育的实效性。

（二）道德教育引领"微言行"

微时代下，要以道德教育规范大学生的"微言行"。在微平台上的用语既要

符合法律规范，也要符合社会文明用语规范。微平台中"微民们"的言行不能随意为之，受到网络警察的监管，大学生们作为"微民"中一个庞大的群体，其言行的规范十分重要。这不仅体现出当代大学生的文化素质，不良的言行更会对其他"微民"造成影响。因此，在大学生的"微生活"中引入道德教育内容，以道德教育规范大学生的"微言行"具有十分重要的意义。

在日常教育中融入道德教育内容，以规范大学生的日常用语和言谈举止。社会主义核心价值观内含着传统的道德美德，将道德教育纳入教育内容范围内，把古人"先天下之忧而忧，后天下之乐而乐"的家国情怀；"业精于勤，荒于嬉"的敬业精神；"人而无信，不知其可也"的诚实守信；"君子莫大乎与人为善"友善待人的教育内容弥散在大学生日常生活中。

第三节 形成"微合力"，搭建多样性微传播渠道

一、显性与隐性教育的渗透相统一

第一，继续加强以课堂教学为主的显性教育。继续发挥社会主义核心价值观教育理论课的主渠道与主阵地作用，在课堂教学中引导大学生循序渐进地掌握社会主义核心价值观的理论知识，树立契合其个人发展要求的价值观，又要根据时代发展和现实要求对教材做出一定的调整和修订，以增强教育的针对性。

第二，借助微媒体积极探索隐性教育新模式，加强对大学生的隐性渗透。针对微时代大学生自我意识的不断增强，在教育过程中，要有意识地设置一定的文化氛围和生活场景，组织开展与社会主义核心价值观相关的文娱活动，在对大学生进行文化熏陶的过程中，以美的场景、美的事物促使大学生向善、向美，自觉约束那些不诚信、不道德的行为，以达到春风化雨的教育效果。

高校教师要善于利用微时代信息传播的方式及微媒体提供的各种网络资源，更深入、持久地对大学生进行渗透教育。无论是央视主流节目，还是微小事迹都可以成为对大学生进行渗透教育的典型案例，高校可以将此类教育资源上传至高校官方微博或微信公众号，使大学生在每天上网的过程中不经意间受到心灵的净化和智慧的启迪。

二、正面与反面典型的相补充

第一，利用正面典型教育发挥示范作用。正面的人物与事例具有强大的感染力、说服力，能够有效激励大学生认同并践行社会主义核心价值观。

第二，利用反面典型教育，发挥警醒作用。反面教材应用得当，能够从失败、教训中告诫大学生不应该做什么，从反面警示大学生从正向善，达到教育目的。教师运用反面典型开展教育时要注意把握分寸，做好大学生的心理疏通，引导大学生客观、公正地看待问题，切勿感情用事，让大学生认识到时下存在的各种问题是社会发展的必然，不要因微空间中盛传的某些反面案例的存在而怀疑整个社会的主流。

教师在教育中要坚持正面教育为主流，辅之以反面教材的原则。在高校社会主义核心价值观教育过程中运用反面案例的目的是教育大学生从"不应该怎么做"中悟到"应该怎么做"，反面教育的最终目的还是要回归到引导大学生树立正确的价值观上来。

第三，人文关怀与心理疏导相融合。关心大学生、关爱大学生，实际上蕴含着在新时代加强社会主义核心价值观教育要注重人文关怀的方法要求。人文关怀和心理疏导使"以人为本"的教育理念也蕴含了新的时代气息。

在教育过程中，要坚持以人为本，满足、引导大学生成长成才的个性需求，关注、关心、关爱大学生。充分尊重大学生的个性成长差异，根据不同类型大学生各自的成长特点和需求，利用微平台为他们搭建适合自己发展的个性舞台。在教育过程中，既要凸显人文情怀，又要注重加强教师与大学生之间的情感互动。教师通过"摆事实、讲道理"的形式来向大学生传递正确、系统的价值观理论知识的同时，还要通过人格感化、环境熏陶等形式对大学生实施潜移默化的、陶冶式的、隐蔽性的教育，并在此过程中时刻关注大学生的心理状况，注重与大学生的深度交流，不但要做到以理服人，更要做到以情感人。

第四节　营造"微生活"，实现价值观生活化培育

生活是指人类生存和发展所需要经历的全部过程，包含人类的物质活动及精神活动的全部过程。"生活化"是微时代高校社会主义核心价值观生活化教育

的重要研究主题。"化"字是指性质或形态改变，有趋向、融化、潜移默化的意思。"生活化"是指人在成长与发展的过程中，立足现实生活之中，扎根于生活之中，在生活中所进行的活动，从而起到对人的教化与感化的作用。

一、高校社会主义核心价值观培养生活化的意义

（一）符合学生认知规律

社会主义核心价值观教育生活化作为教育领域的新命题，仍然有许多亟待解决的问题。随着社会的变革和人的发展，还会有新的研究课题涌现出来。因此，高校社会主义核心价值观培养生活化的实践，为理论的进一步深化提供了不竭动力。

高校社会主义核心价值观培养生活化符合大学生的基本认知规律，把精练的理论与生活相结合，使教育工作的开展落到实处。它细化了社会主义核心价值观教育的研究场域，使理论从教材里走向了大学生的生活世界，提升了社会主义核心价值观教育的有效性。并且，它充分考虑到了大学生的现实需要，促成知与行相结合，推动了社会主义核心价值观教育工作的落实。高校社会主义教育生活化吸收借鉴了相关教育理论的精华成分，在理论的指导下合理安排实践活动，取得了一定成就。在教育生活化的实践过程中，不断梳理和总结经验，又能够为理论研究提供更加宽阔新颖的发展视角和更加生动翔实的案例素材，为相关理论的发展和创新做出一定的贡献。

（二）助力学生自由全面发展

作为一种能够以信仰形式表现出来的理论，社会主义核心价值观不仅能够指导人改造我们生存在其中的客观世界，还能够通过理论的内化改造人们内心的主观世界。改造主观世界，就是提高人的思想道德素质，进而促进人的自由全面发展。

推进高校社会主义核心价值观培养生活化，能够更加关注大学生的现实生活，充分发挥育人作用。传统教育通常会把理论讲述作为主要教育形式，内容也呈现明显的"知识化"倾向，大多数学生是在课堂上被动地进行理论学习。为了摆脱这种困境，实现生活化是其唯一出路。社会主义核心价值观教育生活化就是

面向大学生的日常生活，关注他们的现实需求，把生活化的元素引入课堂教学之中。只有把二者真正地融合到一起，才能使学生的思想水平、政治素养、道德标准得到提升，为自由发展提供最基本的前提条件。随着社会的发展，社会主义核心价值观涵盖的具体品质不断丰富和扩展，涉及社会对大学生的各类素质要求，丰富了大学生的头脑，使其具备更多优秀品质，逐渐走向全面发展。

（三）推动社会主义核心价值观教育的实效性

"培育和践行社会主义核心价值观要覆盖到所有学校和受教育者，构建大中小学有效衔接的德育课程体系和教材体系，创新中小学德育课和高校思想政治理论课教育教学，推动社会主义核心价值观进教材、进课堂、进学生头脑。"也就是说，思想政治理论课不仅要传授知识，更要涵养学生的价值观，切实增强教育的实效性。

大学生对社会主义核心价值观的认同不是立竿见影的，而是一个循序渐进的过程。高校社会主义核心价值观培养生活化寓教于学生的日常生活，把生活作为实现价值观认同的载体和渠道，引导学生在学习与生活中去体会它。社会主义核心价值观真正发挥实效，必须经历一个从认知到情感到信仰再到行为表现的过程，而这一过程只有通过生活才能实现。学生在日常生活中充分理解社会主义核心价值观的内涵，才能科学把握其要求；学生在日常生活中检验和运用社会主义核心价值观，才能最大限度地增强他们的认同感，进而使学生在生活中自觉践行。生活化的导向贴合大学生的实际，为社会主义核心价值观筑牢了生活根基，从而大大提高了高校思想政治理论课的实效性。

二、高校社会主义核心价值观培养生活化的路径探析

（一）教育目标生活化

1.立足大学生的现实生活

大学阶段学生的生活更为丰富，他们的思想状态和价值认知都有可能发生新的变化，对人和事的思考认识更加深刻。与此同时，多种多样的价值选择也可能误导人走向歧途，在学生成长过程中也会出现更多迷茫。高校社会主义核心价值

观培养如果偏离生活，就只能成为空谈，自然也不能走进大学生的心灵，更不可能实现心灵上的相通。因此，教育目标的制订要从现实生活出发。

社会主义核心价值观教育的目标设定应考虑现实生活，不能过于理想化。社会主义核心价值观教育之所以存在，从根本上说是因为社会对人的价值观念要求与人现在所具有的价值观念之间存在着矛盾。如果目标的设置过于理想化，偏离了现实生活，就会增添实现的难度，大学生也很难达到理想的目标预期。把目标定位在生活上，强调的是目标的可实现性。高校社会主义核心价值观培养目标应从天上回到地上，让大学生感觉到有实现的可能性，从而鼓舞他们朝着目标不断前进。

社会主义核心价值观教育的目标设定应超越现实生活，避免陷入平庸化。我们说教育目标贴近学生的生活实践，并不等同于降低自己的标准，使目标变得平庸。教育是为党和国家培育人才，因此，教育目标的设定既要贴合学生的实际生活，也要体现时代发展的要求。将教育的目标定位于现实生活，并不代表教育只是停留在生活层面，更不意味着教育与生活完全处于同一个境界。现实生活是一个纷繁复杂的环境，其中充斥着各种各样的因素。既有美好的东西，也有虚伪的东西，既有善良的因素，也有邪恶的因素。如果不假思索，一味地强调教育要适应社会生活，那就很容易在冗杂的社会环境中迷失自我，与最初的动机背道而驰。因此，高校社会主义核心价值观培养的目标设置既要立足现实生活，又要超越现实生活，最终提升大学生的生活品质。

2.加强对大学生的思想引领

高校社会主义核心价值观培养生活化旨在引导大学生形成正确的价值观念，成长为祖国和社会需要的人才。教育目标要根据受教育者的思想实际，加强对大学生的思想引领。

设置教育目标要引领受教育者的道德提升。教育目标定得过高或者过低，都会影响社会主义核心价值观教育的成效。如果目标定得过高，就会导致实现困难，甚至使大学生产生挫败感和逆反心理。如果目标定得过低，就失去了进步的空间，从而导致大学生的发展停滞不前。作为具有独立思想的行为主体，大学生不再满足被动地接受教育，他们已经可以凭借亲身经历获得感性的认知，并且可以在不同情况下，独立进行思考并完成相应的选择。只有对大学生的思想状况进行调查研究，深刻了解他们现有的道德水平，才能尽可能准确地预测大学生价值观发展的基本趋势，从而设置合理可行的教育目标。也许大学生并未形成社会期待和要求的全部道德品质，但有些常见的价值观念已经基本形成。在设计教学目标时，就可以根据大学生的熟悉程度进行区分。爱国是大学生自幼接受的教育，已经在大学生头脑里根深蒂固，就要把教育目标落到具体的践行方面，侧重引导大学生用实际行动彰显赤子之心。相对而言，法治可能对大学生而言略显遥远，那就要把教育目标落到理解和认同方面，引导大学生树立法治思维，从而在认同的基础上自觉遵守法律。

设置教育目标要引领受教育者的个体发展。人的思想觉悟和道德修养水平是参差不齐的，每个大学生的具体情况也是不同的。要合理看待学生的个体差异，设置有针对性的教育目标。如果把学生看作登山者，同样的时间里，从山脚处开始攀登和从山腰处开始攀登，最终能够达到的高度是不一样的，我们的期望也应当拉开差距。文史类专业的学生由于"近水楼台先得月"，在日常课程中受到的熏陶更多，对社会主义核心价值观的感悟更深，因此可以适当提高教育目标；理工类专业的学生日常生活接触不多，理论功底相对弱一些，就要稍微进行一些目标上的倾斜。对于大学生中的党员、团员，要加强先进性培育。针对素养一般的普通大学生，则要以基础性的目标为主。也就是说，要在尊重差异性的基础上量体裁衣，设计有层次性的教育目标。

3.注重大学生的未来发展

高校社会主义核心价值观培养归根结底，就是做人的教育。人的发展并非短时间内就可以实现的，需要一个动态的过程。因此，在确定教学目标时，应把受教育者当下的诉求作为基本依据，并仔细斟酌受教育者今后的发展需求。

制订教育目标要考虑大学生的发展需要。教育不仅要符合社会的要求，同时也要体现个体发展的基本要求。大学生作为现实世界中独立的人，具有多种多样的需要，不仅仅是物质需要，也包括精神需要。他们希望能够通过自身努力，成为合格的社会成员。因此，他们会比较在意精神生活的质量，对思想品德也有较高的追求。因此，社会主义核心价值观教育生活化的教育目标不仅仅要关注人的感性认知领域，更重要的是要促进大学生精神境界的升华，帮助大学生提升自身的思想道德素质。社会的发展必然会对人产生更高的期待，社会主义核心价值观教育生活化的目标也要根据社会要求做出适当的调整，可以围绕大学生最关心的就业问题进行相关的教育，帮助大学生培养良好的职业道德。

制订教育目标要考虑青少年的历史使命。一代人有一代人的使命，任何一代青年都有其需要面对与回答的时代问卷，时代对青年大学生的期望值和信赖度都是相当高的。社会主义核心价值观不能只存在于大学生的头脑中，更要真正用到他们的生活中去。只有把社会主义核心价值观的内容加以内化与理解之后，才能从思想层面转化到践行层面，让梦想照进现实。社会主义核心价值观教育生活化不仅仅是在思想上引领青少年的价值观念，更重要的是帮助大学生完成知行转化。因而，社会主义核心价值观教育目标要善于把握大学生的历史使命，引导大学生将其吸收为自身的价值追求，以正确价值观的光芒照亮成长的路。

（二）教育内容生活化

1.着眼日常生活，挖掘社会主义核心价值观教育素材

社会主义核心价值观教育真正扎根的土壤就是我们生活在其中的日常世界。走进生活，就走进了人们的身边，就贴近了人们的内心。高校社会主义核心价值观培养同样应当这样，从日常生活中挖掘素材，对其进行整合、提炼，从而形成一套完整的生活化教育资源。

大学生对于自己周边出现的人和事是非常敏感的，一方面他们同自己身处其中的生活本身就具备了比较亲密的联系；另一方面他们对于自己能够看得见、摸得着的东西往往会更加关注。

社会主义核心价值观本身就是从生活中提炼出的理论，必然也能在生活中找到理论的切入点。也许是过去发生过的，也许是正在经历的；也许是历史长河中积淀着的道德资源，也许是你我身边涌现的平凡英雄。总而言之，在大学生的日常生活中存在着许多有教育意义的事件，只要善于挖掘，选择恰当的切入点，就能使教学内容与学生思想产生共鸣，引发学生的深入思考。

2.围绕现实生活，创设教育情境

情境是教育者有目的、有计划地创设出一种情感氛围。情境的创设要以生活为起点，不可能随心所欲地创设出一个情境，而要根据生活经验和生活素材来创

设情境。这个情境在日常生活中是有可能出现的情况，甚至是已经出现的情况，这样才能增强情境与生活的契合度，引起大学生的共鸣。在立足生活的基础上创设具体情境，引导学生充当评委，以第三方的角度去看待这个情境，评价情境主体的行为与社会主义核心价值观是相符还是相悖，并阐述具体的思考历程。在这个过程中，大学生首先就会在头脑中对已有的价值观念进行检索，然后尝试运用自己的价值观念来看待和解决情境中的问题，通过对情境的分析，进一步夯实自己的理论基础。

另外，社会主义核心价值观教育最终还是要指向实践。如果要从思想上的认同走向行为上的落实，就可以在创设情景时设计一些选择性的情境，大学生把自己代入情境之中，以情境主体的身份去思考，"当我遇到这种情况我会怎么做"。当大学生设身处地把自己置于情境之中，去思考当下面对的处境并做出选择，就是在用社会主义核心价值观指导自己的实践。

围绕生活创设的教育情境自然也和生活息息相关，教育情境就是连接生活和教育的桥梁。贴合生活情境能提高大学生的参与度和体验感，能够增强社会主义核心价值观教育的吸引力，使大学生能够更加直观地感受到教育与生活之间的联系。

（三）教育过程生活化

1.以社会实践活动，加强体验教育

"一种价值观要真正发挥作用，必须融入社会生活，让人们在实践中感知它、领悟它。"大学生在参与志愿服务活动的过程中，既是践行者，也是传播者。志愿服务活动不仅可以增强大学生对理论的理解和认同，而且可以提升个人的技能，并在这一过程中实现自我价值和社会价值的统一。

以重大历史节点和重要传统节日为代表的特殊时间蕴藏着深厚的文化底蕴，并且与社会主义核心价值观有着千丝万缕的联系，甚至可能是大家"日用而不觉"的内容。这些特殊的时间是大学生所耳熟能详的，抓住特殊时间的独特意义开展主题实践活动，既是生活与教育的契合，也是理论与实践的对接。

高校社会主义核心价值观培养生活化只有着眼于社会实践，重视实践的养成，才能真正融入大学生的日常生活之中。通过亲身实践得到的认识是最直接深

刻的，大学生在实践中品味社会主义核心价值观的意蕴。

2.以校内校外合作，深化协同育人

大学生接受教育的场域不仅在校园内，也在校园外。多样的社会生活为大学生提供了开拓视野和延伸思维的平台，有助于个人实力的提升。只有把学校"小课堂"与社会"大课堂"有机结合起来，构建校内校外联动育人平台，才能尽可能多地覆盖生活场域，更好地融入日常生活。

（1）学校要主动创造条件，建立校外育人基地

每个地区都有其特殊的道德教育场所，本土的教育场所往往能够契合当地的历史事件，展现当地的整体精神风貌。高校可以与此类场所加强联系，共建社会主义核心价值观教育基地。通过提炼教育基地的价值元素和情感内核，使之与社会主义核心价值观相适应，浇筑合作育人的坚实基础。比如，东北地区可以利用"九一八纪念馆"进行爱国主义教育，陕西地区可以通过延安革命根据地进行责任和使命教育。可以组织学生参观育人基地，通过直观感受去领悟社会主义核心价值观；也可以安排学生充当育人基地的讲解员，以此鼓励学生主动学习更多相关知识。

（2）学校要和企业合作，建立校外实训基地

为了使大学生具备职业所需的基本技能和素养，很多高校会在毕业前夕组织学生去校外的企业实习一段时间。实习期间，企业就成为学生接触较多的生活环境，企业的文化氛围和职工的价值理念会对大学生产生一定影响。学校可以与企业党建部门加强沟通，把社会主义核心价值观落实到企业文化和员工守则中，对学生进行引导和约束。校企合作的模式既保证了企业文化和与学校教育的有效衔接，又从用人单位的角度对大学生的道德素质提出要求，有利于提高大学生的就业竞争力。

3.依托第二课堂，提升社会主义核心价值观教育的实效性

社会主义核心价值观教育仅仅依靠课堂教育是远远不够的，而内容广泛、形式多样的第二课堂，就能在课堂教育无法涉及的地方加以补充和辅助。社会主义核心价值观教育融入第二课堂，也就走进了学生的日常生活中，从而"使社会主义核心价值观的影响像空气一样无所不在、无时不有"。

（1）在寝室生活中融入社会主义核心价值观

寝室是学生休息和放松的场所，也是大学生活的主要场所。在一个寝室内部，寝室的值日生在值日当天尽心打扫寝室，为大家创造卫生整洁的环境，这是对值日生职责的尊重，是对敬业精神的诠释。寝室同学之间相互帮助，在学习上齐头并进，这是同学之间的友善；对整个公寓而言，可以以寝室为单位开展社会主义核心价值观知识竞赛，在增加了友谊的过程中也增加了对知识的掌握。

（2）在社团活动中融入社会主义核心价值观

大学生的思想尚未完全成熟，在这个由不成熟走向成熟的过程中，价值取向容易受长期生活在一起的同伴的影响。社团是大学生因为共同爱好凝聚在一起形成的团体，具有较强的号召力。每个社团都可以从成员的精神需求和兴趣爱好出发，根据社团的核心特点设置鲜活的社会主义核心价值观教育活动，比如，辩论社可以组织专题辩论，引导社团成员进行思想碰撞，在你来我往的辩论中接受社会主义核心价值观教育。

（3）在组织生活中融入社会主义核心价值观

群团组织作为教育青年的阵地，本就肩负着进行社会主义核心价值观教育的使命。群团组织与大学生具有密切联系，在组织生活中开展社会主义核心价值观教育，是容易被大学生接受和理解的。组织生活的顺利开展直接关系到大学生对党的信任和对政策的理解。群团组织既要通过专题教育对青年大学生进行理论教育，也要通过民主生活会开展自我教育，还要依靠主题活动引导他们践行。

（四）教育载体生活化

1.传媒载体深入生活

（1）高校要加强新媒体平台建设，开辟宣传教育新阵地

如今，手机已经成为作为大学生搜集信息的常用渠道，新媒体平台已经成为大学生生活中不可分割的一部分。高校社会主义核心价值观教育生活化就要从大学生的需要出发，利用新媒体的趣味性进行活泼生动的社会主义核心价值观教育，把抽象的理论讲成有趣的故事。比如，可以通过抖音官方账号，以创意视频的形式引起学生的兴趣，将社会主义核心价值观教育的内容渗透到大学生的日常生活中去。

（2）校园传媒要加强与大学生的联系，关注大学生的生活

校园传媒面对的受众就是大学生，因而会对大学生的心态有一个更透彻的把握，在宣传社会主义核心价值观时更容易说到大学生的心坎上。校园传媒的覆盖力在一定程度上也能拓宽教育对象的群众基础，提升社会主义核心价值观教育的辐射力。此外，校园传媒的主要组织者和参与者是大学生，也容易获得学生的信赖和拥护。大学生可以通过广播点歌、校报投稿等途径吐露自己的心声，实现学生与学校之间的双向沟通，从而及时解决日常生活的思想困惑，筑牢社会主义核心价值观教育的思想基础。

2.优化校园生活环境建设

（1）从校园物质文化环境入手

物质环境是有形的，是看得见、摸得着的实体，能够给学生带来最直观的感受。林荫道上拉起的横幅、寝室楼下张贴的海报、橱窗里展示的校报，都是校园物质环境的一部分。在食堂里常常张贴着节约粮食的宣传标语，也许我们在用餐时并没有刻意去看这些标语，但不经意间回首一瞥就能看到。那么，可以在校园环境中融入社会主义核心价值观的元素，使其先进入学生的视线之中，定睛凝视也罢，蓦然回首也好，慢慢就进入了大学生的头脑，日复一日，最终进入大学生的内心。

（2）重视校园精神文化环境的建设

一所大学在长期积淀中凝结出来的文化，铸就了整个大学的内在精神，也彰显了对学子的基本要求。与社会主义核心价值观相呼应的精神文化，能够促进大学生正确价值观的形成。高校要将社会主义核心价值观教育与校园文化建设融合到一起，譬如，在校风、校训、校歌中渗透社会主义核心价值观教育，营造活泼生动的校园文化氛围，提升教育效果。

（3）加强校园制度文化环境的建设

高校推进社会主义核心价值观教育生活化离不开配套机制的保障，合理的制度能够为社会主义核心价值观教育提供方向和指引，并且保证其在生活中的顺利开展。同时，社会主义核心价值观只有体现在规范和规则中，通过校园生活中的具体情境制订相应的标准，才能使学生明确对与错、是与非、善与恶的界限。

3.打造生活典型人物

（1）从大学生身边挖掘典型人物

身边的榜样与大学生处在同一个校园环境中，有些是朝夕相处的同学，有些是曾经在校园内擦肩而过的老师，是大学生日常生活中能够接触到的人。大学生身边的践行典范可以使社会主义核心价值观更为鲜活、生动和具体。与新闻里出现的楷模相比，身边的榜样来得更具有震撼力。这样的人物事迹和大学生的距离更近，自然也会使大学生产生更多亲切感，对大学生的辐射和引领作用也更强。当身边出现了一个现成的学习对象，大学生往往会下意识地向他看齐，在行为方式上不自觉地与之对标，在学习中实现更好的自我。

（2）挖掘不同类型的典型人物

既然社会主义核心价值观有不同层次的要求，那么榜样的打造也应该遵循这三个层次的要求，对其在社会主义核心价值观某一方面的突出表现进行学习。一个先进典型就是一个标杆，不同类型的典型人物身上也展现着不同的美好品质，他们展现的理想信念是大学生对不同层次要求的生动诠释。在大学校园里，可以设置爱国之星、诚信之星、优秀班干部之类的奖项，以学生自荐和他人推荐的方式进行评选。让学生自己参与到典型人物的评选过程中，充分发挥学生的主体性，在推荐他人的过程中更好地学习优秀事迹，鼓舞自己的内心。

（3）从兴趣爱好中寻找典型人物

当代大学生多为00后，活力四射，充满青春和朝气，好奇心和新鲜感比较强，在心中会有一些自己比较崇拜的对象。教师可以和大学生共同揣摩崇拜对象的言行，引导大学生分析他们是如何践行的，又能够给我们带来什么样的启发。一方面，能够引导大学生思考知与行的转化，在思考的过程中强化对理论的理解和运用能力；另一方面，能够引导大学生把对人的崇拜转化为对其精神品质的欣赏，从而在模仿的过程中不断学习别人的道德闪光点，以点带面，更好地完善自身的道德修养。

结束语

微时代以其丰富的微媒介为载体，通过微话语的创建、微内容的定制等增强了高校社会主义核心价值观培养的吸引力、渗透力及感染力。高校作为国家人才培育基地，担负着培育大学生的政治态度、价值观念、道德修养以及科学技能等，教育质量的高低关系着国家的未来发展。

目前，学术界对于社会主义核心价值观与生活化相结合的研究已取得显著的成果，具有一定的理论基础。但是，在微时代的背景下，社会主义核心价值观教育与生活化的研究成果仍较少。因此，本书对微时代高校社会主义核心价值观生活化教育进行研究具有一定的现实意义和创新意义。

本书的最终目的是在微时代背景下，通过日常生活提升高校社会主义核心价值观教育的实效性，使大学生从理性上和情感上认同社会主义核心价值观，在行为上主动践行和传播社会主义核心价值观。

本书在撰写过程中，经过多次推敲与修改，但由于笔者水平有限，难免存在疏漏之处，恳请广大读者批评指正。

参考文献

一、著作类

[1] 陈健，郜发磊，任超.社会主义核心价值观读本[M].北京：国家行政学院出版社，2019.

[2] 陈胜国.新时代高校思想政治教育创新发展研究[M].北京：印刷工业出版社，2019.

[3] 理阳阳.基于网络时代视角的高校思想政治教育研究[M].北京：研究出版社，2019.

[4] 刘秉亚."微时代"高校思想政治教育创新研究[M].成都：西南交通大学出版社，2017.

[5] 上海市教育卫生系统思想政治工作研究会.培育社会主义核心价值观繁荣高校网络文化[M].上海：东华大学出版社，2015.

[6] 西南交通大学政治学院，清华大学高校德育研究中心，清华大学马克思主义学院.社会主义核心价值观的践行与培育[M].成都：西南交通大学出版社，2013.

[7] 徐斌.社会主义核心价值观培育与认同机制研究[M].广州：广东经济出版社，2019.

[8] 易鹏.社会主义核心价值观网络传播研究[M].北京：中国社会科学出版社，2019.

[9] 郑洁.网络媒体传播社会主义核心价值观研究[M].北京：中国社会科学出版社，2012.

二、期刊类

[1] 毕莹.微时代背景下大学生就业价值观教育研究[J].新闻研究导刊，2021，12（14）：136-137.

[2] 常雪娇.新时代高校思政教育融入社会主义核心价值观教育的探索[J].产业与科技论坛，2021，20（12）：107-108.

[3] 陈元媛.新时代高校社会主义核心价值观培育的路径研究[J].长沙航空职业技术学院学报，2021，21（03）：42-45.

[4] 党雨.微时代高校社会主义核心价值观生活化教育研究[D].桂林：桂林电子科技大学，2021：12-43.

[5] 杜文宇.微时代网络传播的哲学探讨[D]太原：太原科技大学，2014：19-56.

[6] 方龙山.从"不知不行"到"知行合一"——大学生社会主义核心价值观"知行"状况研究[J].池州学院学报，2018，32（01）：138-141.

[7] 高芳放.核心价值观传播的"微"路径[J].人民论坛，2019（10）：132-133.

[8] 郭彩华.微时代高校社会主义核心价值观教育路径探究[J].山西财经大学学报，2021，43（S2）：95-98.

[9] 韩颖，孙文心."微时代"大学生社会主义核心价值观教育研究综述[J].阜阳职业技术学院学报，2016，27（04）：5-8.

[10] 何小英，韩蓓.融媒体时代高校社会主义核心价值观教育路径创新[J].昌吉学院学报，2021（04）：27-33.

[11] 何妍，刘芳霞."微时代"下社会主义核心价值观的传播路径[J].湖南工业大学学报（社会科学版），2018，23（04）：74-78.

[12] 黄振华，刘永源，黄艺桢.新时代高校青年教师社会主义核心价值观培育探究[J].北京市工会干部学院学报，2021，36（03）：48-52.

[13] 李正昌.微时代大学生社会主义核心价值观教育生活化探析[J].学校党建与思想教育，2021（04）：21-23.

[14] 刘海昭，贾巍.浅谈社会主义核心价值观如何融入新时代高校思政教育[J].财富时代，2021（03）：145-146.

[15] 刘江宁，陈贞吉.新媒体时代高校思政课社会主义核心价值观传播的新形式[J].学生学刊，2021（03）：15-20.

[16] 刘小玲.微博环境下大学生社会主义核心价值观培育研究[D].武汉：武汉工程大学，2015：12-33.

[17] 马军红，苗立峰.社会主义核心价值观内化障碍及对策阐析[J].邢台学院学报，2017，32（03）：35-37.

[18] 马松.微时代高校开展微思政的路径创新[J].传播与版权，2021（01）：113-115.

[19] 秦菲.微时代大学生社会主义核心价值观教育研究[D].武汉：华中师范大学，2018：11-41.

[20] 秦晴.新时代高校学生干部网络素养的培育路径——基于社会主义核心价值观视域[J].教育观察，2021，10（45）：10-12+20.

[21] 宋欣阳.大学生社会主义核心价值观的"微信陪伴"策略研究——基于上海13所高校官方微信的调研[J].思想理论教育，2015（07）：80-83+111.

[22] 苏娜.新时期社会主义核心价值观的理性思考——对"三个倡导"的理解[J].宁夏党校学报，2013，15（02）：37-40.

[23] 谭梦妮.大学生社会主义核心价值观知行合一研究[D].桂林：广西师范大学，2017：21-37.

[24] 唐青.基于"三微一体"教育模式下的艺术设计类专业课程思政框架研究——以南京审计大学金审学院为例[J].中华手工，2021（02）：120-121.

[25] 王佳佳.社会主义核心价值观的有效传播研究[D].合肥：安徽大学，2017：11-44.

[26] 王晶.网络媒体传播社会主义核心价值观的方式与机制研究[D].西安：长安大学，2014：12-43.

[27] 王玮."微时代"大学生社会主义核心价值观培育路径研究[D].新乡：新乡医学院，2018：21-44.

[28] 谢肖.微时代大学生意识形态教育生活化研究[D].西安：西安电子科技大学，2019：21-43.

[29] 许盈盈.媒介情景论下的微信传播研究[J].新闻传播，2019（12）：133-134+137.

[30] 颜隆忠."微传播"推动社会主义核心价值观落细落实落小研究——以福建师范大学官方微信为例[J].福建师大福清分校学报，2017（04）：44-48.

[31] 杨斌.新媒体时代高校社会主义核心价值观教学模式创新研究[J].江西电力职业技术学院学报，2020，33（11）：1–5.

[32] 杨耕.价值、价值观与核心价值观[J].北京师范大学学报（社会科学版），2015（01）：16–22.

[33] 杨林香.高校社会主义核心价值观培育微传播与主渠道融合研究[J].社会主义核心价值观研究，2017，3（04）：31–37.

[34] 杨雅涵."微时代"高校社会主义核心价值观教育探新[J].教育评论，2017（11）：108–112.

[35] 易鹏.社会主义核心价值观网络传播困境与对策研究[D].重庆：西南大学，2018：11–27.

[36] 张华.陶行知生活教育观：内涵、价值和境界[J].中华文化论坛，2017（（02））：54–60.

[37] 张会慧.抖音等微视频传播对青年价值观的影响[D].杭州：杭州电子科技大学，2019：15–34.

[38] 赵潜，叶进，李艳娇.知行合一：新时代阳明心学对践行社会主义核心价值观的深层启示[J].南京航空航天大学学报（社会科学版），2019，21（02）：18–23.

[39] 朱斌."微时代"高校思想政治教育叙事话语创新——基于消费主义视角的分析[J].重庆邮电大学学报（社会科学版），2017，29（06）：83–88.